고양이에 관한 잡다한 지식 사전

고양이 탐구생활

Nekozuki Ga Kininaru 50 No Gimon by Yoshiko Kato
Copyright ⓒ Yoshiko Kato 2007
All rights reserved.
Original Japanese edition published by SB Creative Corp.
Korean translation rights arranged with SB Creative Corp.
through Eric Yang Agency Co., Seoul.
Korean translation rights ⓒ 2018 by RH Korea Co., Ltd.

이 책의 한국어판 저작권은 EYA(Eric Yang Agency)를 통한 SB Creative Corp.와의
독점계약으로 한국어 판권을 '(주)알에이치코리아'가 소유합니다.
저작권법에 의하여 한국 내에서 보호를 받는 저작물이므로 무단전재와 복제를 금합니다.

고양이 탐구생활

1판 1쇄 인쇄 2018년 6월 27일
1판 1쇄 발행 2018년 7월 9일

지은이 가토 요시코
옮긴이 정영희

발행인 양원석
본부장 김순미
편집장 최두은
책임편집 차선화
디자인 RHK디자인연구소 박진영, 옥성수
해외저작권 황지현
제작 문태일
영업 마케팅 최창규, 김용환, 정주호, 양정길, 이은혜, 신우섭,
 유가형, 임도진, 김양석, 우정아, 정문희

펴낸 곳 ㈜알에이치코리아
주소 서울시 금천구 가산디지털2로 53, 20층 (가산동, 한라시그마밸리)
편집문의 02-6443-8861 **구입문의** 02-6443-8838
홈페이지 http://rhk.co.kr
등록 2004년 1월 15일 제2-3726호

ISBN 978-89-255-6241-4 (13490)

※ 이 책은 ㈜알에이치코리아가 저작권자와의 계약에 따라 발행한 것이므로
   본사의 서면 허락 없이는 어떠한 형태나 수단으로도 이 책의 내용을 이용하지 못합니다.
※ 잘못된 책은 구입하신 서점에서 바꾸어 드립니다.
※ 책값은 뒤표지에 있습니다.
※ 이 책은 기출간되었던 〈고양이 탐구생활〉의 디자인을 새롭게 하여 출간하는 책입니다.

고양이에 관한 잡다한 지식 사전

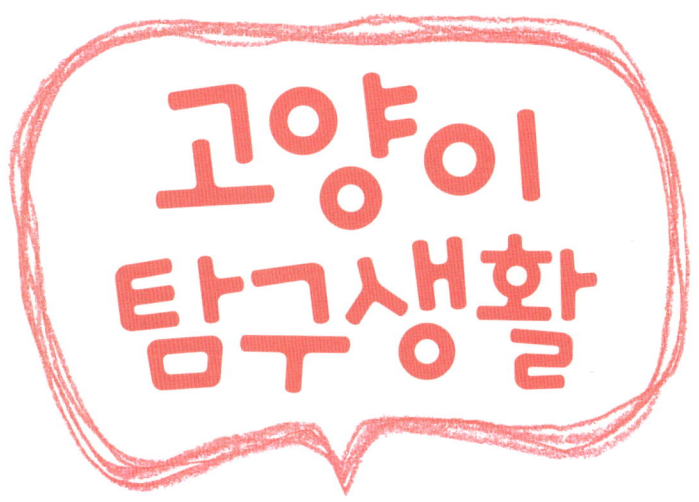
고양이 탐구생활

가토 요시코 지음
정영희 옮김

들어가는 말

인류와 고양이의 만남은 5,000년 이상의 세월 동안 계속돼왔으며, 긴 시간을 걸쳐오는 동안 인간과 고양이와의 관계는 다양하게 변화해왔다. 인간과 고양이와의 관계 사이에 급격한 변화가 시작된 것은 30년쯤 전의 일이다. 과거의 고양이가 '인간이 남긴 음식물을 얻으며, 사냥도 하는 존재'였다면 현재의 고양이는 '사료를 먹으며 사람에게 완전히 의존하는 존재'로 바뀌었기 때문이다. 이러한 관계의 변화가 고양이와 인간 모두를 변화시켰다고 해도 지나친 말이 아니다.

많은 사람들이 고양이를 가족의 일원으로 사랑하게 되었다. 현재는 고양이의 역사가 쥐를 퇴치하기 위한 역사와 함께 출발했다는 사실을 의외라고 생각하는 사람도 있을 정도다.

물리적으로도 정신적으로도 사람과 고양이의 거리는 상당히 친밀해졌다. 우리는 주변에서 고양이를 접할 기회가 많아졌고, 그만큼 가까워짐에 따라 사람은 고양이에 관해 여러 가지 의문을 품게 되었다. 아무리 고양이를 싫어하는 사람이더라도 고양이의 행동이 자주 눈에 띄면 어느 순간 '왜 저런 행동을 할까'라는 생각이 들기 마련이다.

물론 옛날 사람들도 고양이를 좋아하기는 했지만, 현재 사람들이 갖는 고양이에 대한 의문만큼은 없었다. 과거에는 그 존재에 대해 의문이 들 만큼 인간과 고양이가 밀착되어 있지 않았기 때문이다. 고양이는 인간의 생활 속으로 들어왔고, 사람들은 고양이라는 존재에 관심을 갖기 시작했다. 이 책이 만들어졌다는 것 자체가 인간과 고양이가 얼마나 밀착해서 살아가고 있는가에 대한 증명이라고 생각한다.

　어렸을 적부터 고양이를 키운 나는 지금도 두 마리의 고양이를 키우고 있다. 실내에서 고양이를 키우기 시작한 것은 15년 전쯤부터인데 집 안에서 고양이와 함께 생활하기 시작하면서 고양이에 관해 궁금한 것이 점점 더 많아졌다. 풀어놓고 키울 때는 볼 수 없었던 행동들이 끊임없이 눈앞에서 펼쳐지기 때문이다.

　고양이의 행동 중 가장 이상했던 점은 용변을 보기 전과 본 후에 엄청난 속도로 방 안을 여기저기 뛰어다니는 것이었다. 처음 그 광경을 봤을 때는 어안이 벙벙한 나머지, '혹시 고양이에게 무슨 일이 일어난 것은 아닐까' 하고 생각할 정도였다. 하지만 동시에 고양이란 실내에서 함께 생활하면 할수록 흥미롭고 재미있는 동물이라는 사실을 깨닫게 되었다.

　고양이와 밀착된 생활 속에서 생겨나는 다양한 의문, 그리고 그 이유에 대해 생각해보면 볼수록 고양이와의 거리가 좁혀져가는 재미가 있었다. 고양이가 가진 개성이 하나 둘 보이기 시작했고, 풀어놓고 키울 때와는 또 다른 유대 관계가 생겨나는 것을 느낄 수 있었다. 예전에 나는 고양이를 '아기'처럼 생각했다. 하지만 지금은 마음속 깊은 곳에서부터 고

양이를 '좋은 친구이며 좋은 동거인'이라고 생각한다.

  나는 고양이를 실내에서 키우는 것이 인간과의 유대 관계를 깊게 하며, 그로 인해 고양이가 행복한 생활을 누리게 된다고 믿고 있다. 그렇기 때문에 더더욱 고양이를 실내에서 키우는 것을 추천한다. 집 안에서 고양이를 키우는 것에 거부감이 있는 분들도 이 책을 한번 읽어봤으면 하는 바람이다. 실내에서 생활하는 고양이가 결코 불행하지 않다는 사실을 이해해준다면 더없이 행복할 것 같다.

  마지막으로 이 책의 Part 5는 '고양이를 키우지 않는 사람들의 질문'에 대한 것이다. 그렇다고 고양이를 키우지 않는 사람을 위해 쓴 것은 아니다. 고양이를 키우지 않는 사람이 고양이나 고양이를 키우는 사람을 어떻게 생각하고 있는지, 실제 고양이를 키우는 사람들이 알아두어야 한다고 생각해서 쓴 내용이다.

  고양이를 좋아하는 대부분의 사람들은 고양이가 하는 행동을 귀엽다는 이유만으로 너그럽게 봐주는 경향이 있어서 고양이가 무슨 행동을 하든 괜찮다고 여긴다. 하지만 고양이를 키우지 않는 사람 입장에서는 이해되지 않는 점이 많을 것이다. 고양이를 키우는 사람에 대해 '남에게 피해를 줘도 아무렇지도 않은 사람'이라고 그 인간성을 의심하는 사람들까지 있을 정도다. 이런 생각을 하는 사람들은 반드시 고양이를 싫어하게 된다. 또한 고양이의 행동 모든 것을 싫어하게 되며, 결국 고양이라는 존재 자체를 눈엣가시처럼 여기게 된다.

　고양이를 좋아하는 사람은 이와 같은 사실을 염두에 둘 필요가 있다. 고양이를 키우고 있는 사람에게는 자신의 고양이뿐만 아니라 다른 모든 고양이를 보호해야 할 의무가 있다. 고양이를 키우고 있는 한 사람 한 사람은 '고양이를 좋아하는 사람' 모두를 대표하는 간판을 짊어지고 있다. 누군가 한 사람이 그 '간판'에 흠집을 낸다면, 세상의 모든 애묘인의 이미지에 흠집이 생기게 된다. 이 세상의 모든 고양이를 위해서도 자신이 짊어지고 있는 간판을 소중히 지켜나가야 할 것이다.

　이 책이 고양이를 좋아하는 모든 사람들에게 유용한 과학서가 되기를 바란다. 그리고 고양이를 키우는 데 좋은 지침서가 되었으면 하는 바람이다.

가토 요시코

Contents

 Prologue_ 4

part 1 몸에 대한 질문

01 고양이는 몇 살까지 살 수 있을까?_ 14
02 고양이의 운동신경이 뛰어난 이유는?_ 19
03 고양이는 왜 가르릉 소리를 낼까?_ 24
04 왜 삼색털 고양이 중에는 수컷이 드물까?_ 28
05 고양이는 색깔을 구별할 수 있을까?_ 32
06 발바닥 패드를 만지면 싫어하는 이유는?_ 36
07 수염은 어떤 역할을 할까?_ 40
08 고양이는 맛을 알까?_ 44
09 음식을 잘 씹지 않고 그냥 넘기는 이유는?_ 48
10 여러 마리 수컷의 정자를 한꺼번에 수정할 수 있다는 것이 사실일까?_ 52

part 2 행동에 대한 질문

11 새끼 고양이는 언제부터 쥐를 잡을 수 있을까?_ 58
12 왜 그렇게 잠을 많이 잘까?_ 63
13 고양이는 왜 얼굴을 핥아 깨끗하게 할까?_ 67
14 밤에 고양이가 한 곳에 모여드는 이유는?_ 71
15 냄새를 맡고 난 후 고양이가 입을 반쯤 벌리는 이유는?_ 75
16 왜 좁은 상자 안에 들어가고 싶어 할까?_ 77
17 자신의 몸을 사람에게 비벼대는 이유는?_ 79
18 욕조나 화장실에 함께 들어가고 싶어 하는 이유는?_ 84
19 죽을 때 몸을 숨긴다는 사실이 정말일까?_ 89
20 밤중에 시끄럽게 구는 것은 왜일까?_ 92

part 3 심리에 대한 질문

21 고양이는 사람을 어떻게 생각할까?_ 98
22 왜 고양이는 개처럼 교육시킬 수 없을까?_ 100
23 고양이에게도 언어가 있을까?_ 104
24 고양이는 왜 집에 집착할까?_ 110
25 쥐나 새를 잡아서 물고 오는 이유는?_ 114
26 고양이는 부모나 형제를 인식할 수 있을까?_ 118
27 고양이에게도 라이벌 의식이 있을까?_ 122
28 개처럼 고양이도 집안의 가장을 인식할 수 있을까?_ 126
29 사료에 모래를 뿌리는 것 같은 행동을 하는 이유는?_ 130
30 고양이가 물건을 발로 건드려보는 이유는?_ 135

키우는 것에 대한 질문

31 사람은 언제부터 고양이를 키우기 시작했을까?_ 140

32 털 빠짐에 좋은 대책은 없을까?_ 144

33 실내에서 생활하는 고양이는 행복할까?_ 148

34 무는 버릇을 없앨 수는 없을까?_ 152

35 고양이는 어떤 놀이를 좋아할까?_ 157

36 내 고양이가 싸움에서 이길 수 있는 방법은?_ 163

37 동물에게 중성화 수술은 부자연스러운 것이 아닐까?_ 165

38 발톱 갈기를 멈추게 할 수는 없을까?_ 169

39 먹을 것을 달라고 조르는 것을 그만두게 하려면?_ 173

40 습식 사료와 건식 사료, 어떤 것이 더 좋을까?_ 177

41 왜 고양이는 귀엽게 느껴질까?_ 181

42 여러 마리를 함께 잘 키울 수 있는 방법은?_ 185

43 꼭 목욕을 시켜줘야 할까?_ 189

44 고양이 교육 비결은?_ 193

45 사람이 껴안는 것을 싫어하는 고양이의 습관을 고치려면?_ 197

46 고양이를 집에 혼자 두는 것은 며칠까지 가능할까?_ 201

47 고양이가 사람에게 옮길 수 있는 질병은?_ 205

고양이를 키우지 않는 사람들의 질문

48 사람이 살아가는 데 개나 고양이가 필요한 것은 왜일까?_ 212
49 다른 사람에게 피해를 주면서까지 풀어 키울 필요가 있을까?_ 214
50 페트병으로 고양이를 물리칠 수 있을까?_ 218

Index _ 222
참고 문헌 _ 224

AQUTNET
HTTP://WWW.AQUT.NET/
이 책을 위한 설문 조사는 소프트뱅크 크리에이티브가 운영하는 아쿠트 넷AQUTNET에서 실시했다.

part 1

몸에 대한 질문

미각, 눈의 구조, 수염의 역할 등 실제로는 잘 모르는
고양이의 몸에 대한 지식과 삼색털 고양이가 수컷이 드문 이유,
발바닥 패드의 비밀 등 몸에 대한 열 가지 질문에 대해 살펴보자.

고양이는 몇 살까지 살 수 있을까?

일반적으로 동물의 수명은 몸 크기와 관련 있다. 몸이 클수록 수명이 길고, 반대로 몸 크기가 작을수록 수명이 짧아지는 경향이 있다. 예를 들어 포유류 중 몸 크기가 제일 큰 흰긴수염고래의 수명이 약 110년, 코끼리의 수명이 약 60년인 데 비해 참새의 수명은 2~3년 정도다. 어디까지나 이것은 사고나 굶주림을 겪지 않고 비교적 건강하게 생활한 경우의 수명이다. 야생동물의 세계에는 도처에 위험이 도사리고 있으며, 몸집이 작은 동물인 경우 다른 동물에게 잡아먹힐 확률이 높기 때문에 본래 그 동물이 가진 수명까지 살아남는 경우는 그리 많지 않다.

고양이의 수명은 15년 전후라고 알려져 있지만 이 또한 사고나 굶주림

동물의 수명

고양이의 수명은 **15**년 전후

여러 다른 동물과 비교해보면……

몸길이 약 30m!

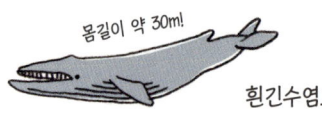

흰긴수염고래 약 **110**년

아프리카코끼리 약 **60**년

하마 약 **45**년

반달곰 약 **30**년
일본원숭이 **20~30**년
사자 **15~30**년
고양이는 이 근처
프레리도그 약 **10**년
다람쥐 **7~8**년
참새 **2~3**년

(마스이 미츠코 増井光子 감수, 『동물의 수명』에서 인용)

을 겪지 않고 비교적 건강하게 생활한 경우다. 주인이 없는 길고양이는 충분한 먹이를 먹지 못하는 데다가 사고 당할 위험성도 높기 때문에 병이나 상처로 일찍 죽게 되는 경우가 많다. 야생동물의 경우와 흡사하다고 볼 수 있는데 실제로 대부분의 길고양이가 태어난 지 5년 이내에 죽는다고 알려져 있다. 사람의 보호를 받아 충분한 먹이와 안전이 확보된 고양이만 본래 자신이 갖고 태어난 15년 전후의 수명을 누릴 수 있다고 생각해도 무방하다.

하지만 요즘 들어서는 20년 이상 사는 고양이도 자주 볼 수 있다. 영양가 있고 균형 잡힌 고양이 사료를 제공하는 사람과 고양이를 밖에 내보내지 않고 실내에서만 키우는 사람이 늘어났기 때문이다. 고양이 몸에 이상이 생기면 동물 병원에 데려가 치료받게 하는 주인이 늘어난 것도 고양이가 장수할 수 있는 커다란 이유다. 서른네 살까지 산 고양이에 대한 기록이 기네스북에 올라가 있을 정도다.

인간을 포함한 모든 동물에게는 '본래의 수명'과 '환경에 따른 수명'이 있기 마련이다. 문명의 발달로 식량 확보와 의료기술 발달을 손에 넣은 인간의 수명이 늘어나게 된 것과 동시에, 인간의 손안에서 문명의 은혜를 받으며 살아가는 집고양이의 수명도 길어지고 있다.

사람의 나이에 비교한 고양이의 발달단계

고양이의 수명은 15년 전후다. 즉, 고양이가 7~8세라면 사람으로 쳤을 때 중장년이라 볼 수 있다. 고양이 사료는 '7세 이상 고양이용' 등으로 나이에 따라 분류, 표시되어 있다. 이 말은 즉, 7세 이상의 고양이가 어린 고양이용 사료를 먹으면 생활습관병에 걸릴 우려가 있다는 의미이기도 하다.

7~8세짜리 고양이를 중장년이라 할 수 있다면, 고양이를 몇 살 때부터 '성인'이라 부를 수 있는지 궁금해하는 사람도 있을 것이다. 기본적으로 '성인'이란 성적으로 성숙된 시기를 가리키는 것이기 때문에 고양이도 마찬가지로 성적 성숙이 완료되었다면 어른으로 생각해도 된다. 고양이의 성적 성숙은 대부분 생후 1년 전후에 완료된다. 물론 인간과 같이 성적으로 조숙한 경우나 성적 성숙이 늦는 경우도 있지만, 대부분의 경우 생후 10~13개월 안에 성적인 성숙이 완성된다. 그리고 이 시기에 몸의 성장도 대부분 이루어진다.

그렇다면 어른이 되기 전, 고양이의 '어린 시절'을 사람의 나이에 비교한다면 어떻게 될까? 생후 1개월 된 고양이는 사람의 나이로 비교했을 때 몇 살 정도에 해당할까? 인간과 고양이의 성장 단계를 비교해서 고양

고양이와 인간의 수명을 비교해보자

① 탄생!

둘 다 0세

② 생후 2~3주, 유치가 나기 시작한다. 유치가 전부 나기까지는 약 4주가 걸린다.

사람은 7~8개월 사이에 유치가 나기 시작한다.

③ 생후 약 3개월, 영구치가 돋아나기 시작해 5~6개월이면 영구치가 전부 돋는다.

사람은 5~12세 사이에 영구치가 모두 돋는다.

④ 성적인 성숙이 완료되는 시기는 약 12개월경

사람은 15~17세경

이 나이의 기준을 살펴보도록 하자.

우선 유치가 돋아나기 시작하는 시기를 비교해보면 고양이의 경우 생후 2~3주 사이, 사람의 경우에는 생후 6~8개월 사이에 유치가 돋아난다. 그러므로 생후 2~3주 된 고양이의 나이는 생후 6~8개월 된 인간과 같다고 생각할 수 있다. 유치가 모두 돋아 음식물을 씹을 수 있는 시기는

🐾 기준으로 삼고 있는 고양이의 연령표

고양이	2주	1개월	3개월	6개월	12개월	15개월	18개월	2년
사람	6개월	2세	5세	12세	18세	20세	22세	24세

* 2년 이후부터는 1년에 네 살씩 나이를 먹는다고 계산한다.

고양이의 경우 생후 1개월, 인간의 경우는 약 2.5세다. 영구치가 모두 돋는 시기는 고양이의 경우 생후 약 6개월, 인간의 경우는 약 12세다. 이 시기 또한 각각 같은 연령이라고 할 수 있다. 이러한 발달단계를 기준으로 비교해본다면 대략적인 기준을 가지고 고양이의 연령을 판단해보는 것이 가능하다.

성적인 성숙 이후에 대해서는 인간과 고양이의 수명을 기준으로 단순하게 계산해서 생각하면 된다.

02
고양이의 운동신경이 뛰어난 이유는?

발군의 점프력, 곡예하는 듯한 유연한 몸, 유사시에는 눈으로 따라잡기도 힘든 빠른 속도를 보이는 고양이. 닌자도 놀랄 만한 고양이의 가벼운 움직임은 탄력성이 뛰어난 인대로 연결된 골격과 스프링처럼 신축성이 좋은 근육 덕분이다. 더불어 평형감각도 뛰어나기 때문에 고양이는 동물의 세계에서 올림픽 선수급의 운동신경을 가지고 있다고 할 수 있다.

고양이는 어떻게 이토록 훌륭한 신체 조건을 가지게 되었을까? 고양이의 운동신경이 뛰어난 이유는 고양이의 단독 생활에 있다. 혼자 하는 사냥에서 성공하기 위해서는, 필사적으로 저항하는 먹잇감보다 먼저 움직일 수 있는 운동 능력이 필요하다. 또한 자신을 노리는 적들로부터 도망치기 위해서는 높은 곳에서 뛰어내리거나, 좁은 곳을 빠져나가는 운동 능력도 필요하다. 거꾸로 말하면 이런 신체적인 능력이 없는 고양이는 살아남기 힘들며, 자손을 남기는 것도 어렵다. 현재 생존하고 있는 고양이를 '올림픽 선수'의 자손들이라 봐도 무방할 것이다. 이것이 바로 '진화'의 과정이다.

고양이는 1m 정도 높이의 장소에서 뒷다리만의 점프로 가볍게 뛰어내리는 것이 가능하다. 부드러운 척추를 둥글게 말아 구부렸다가 뒷다리의 점프와 함께 구부린 척추를 펼치면 스프링이 튀어나가는 것처럼 몸을 움직일 수 있다. 무언가에 놀란 고양이가 그 자리에서 그대로 튀어 오르는

🐾 고양이의 운동신경이 뛰어난 이유

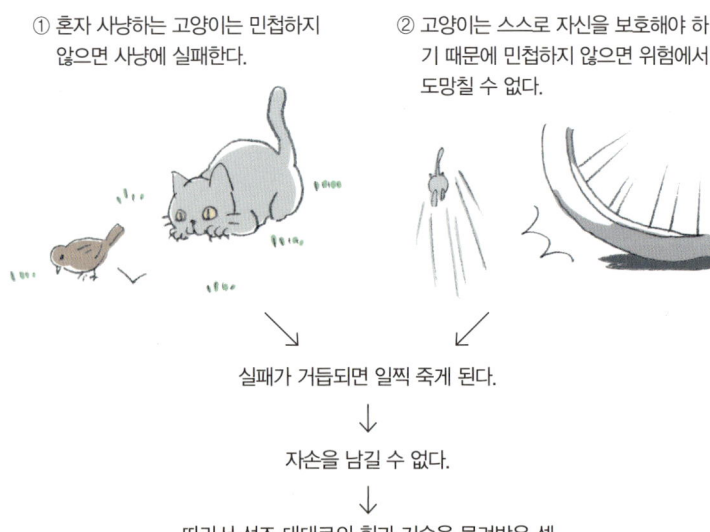

① 혼자 사냥하는 고양이는 민첩하지 않으면 사냥에 실패한다.

② 고양이는 스스로 자신을 보호해야 하기 때문에 민첩하지 않으면 위험에서 도망칠 수 없다.

실패가 거듭되면 일찍 죽게 된다.
↓
자손을 남길 수 없다.
↓
따라서 선조 대대로의 힘과 기술을 물려받은 셈

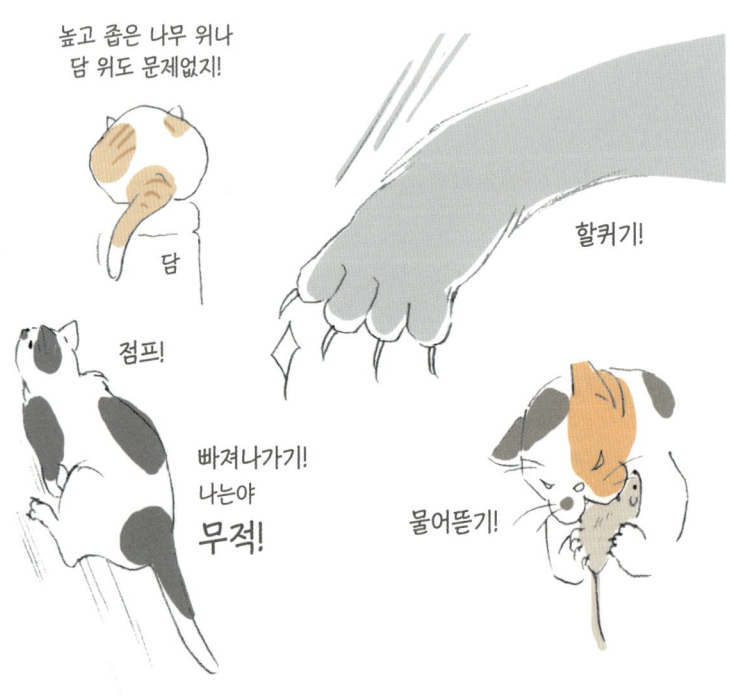

경우가 있다. 심하게 놀랐을 때는 문틀 위까지 한 번에 올라가기도 한다.

들어가기 싫어하는 고양이를 캐리백에 넣어본 경험이 있는 사람이라면, 고양이의 몸이 얼마나 유연하며 자유자재로 움직이는지 알고 있을 것이다. 겁먹은 상태의 고양이를 만져보려고 한 경험이 있는 사람이라면, 고양이가 얼마나 빠른 속도로 할퀴는지, 얼마나 강력한 턱의 힘으로 물어뜯는지, 그리고 얼마나 놀라운 힘을 발휘해 달아나는지 알 것이다. 보통 때는 멍해 보이는 고양이지만 실제로는 엄청난 힘과 기술을 숨기고 있다.

유연한 몸과 뛰어난 세반고리관의 조합

고양이는 높은 곳에서 거꾸로 떨어져도, 공중에서 재빨리 몸을 돌려 자세를 바로잡은 후 네 다리로 안정감 있게 착지할 수 있는 것으로 유명한 동물이다. 고양이는 민감한 세반고리관(평형감각을 담당하는 기관으로 귓속에 있다)을 가지고 있기 때문에 몸의 기울어진 정도를 정확하게 잡아낸다. 하지만 기울어짐을 감지했다는 것만으로 공중회전이나 착지가 가능한 것은 아니다. 고양이의 몸이 유연하기 때문에 반사적인 행동이 가능한 것이다.

높은 곳에서 떨어지는 고양이는 순간적으로 머리를 회전시켜 정상적인 위치를 잡는다. 그러고는 상반신을 회전시켜 지면을 향해 앞다리를 넓게 벌린 후, 하반신을 회전시켜 착지자세로 들어간다. 이 순간적인 회전 동작은 유연한 몸이 아니고서는 도저히 불가능하며, 유연한 몸과 뛰어난 세반고리관의 연계 덕분에 가능한 동작이다.

그렇다면 고양이가 떨어져도 다치지 않는 높이는 어느 정도일까? 아무리 높은 곳에서도 고양이는 자세를 바로잡을 수 있다. 하지만 가속도

높은 곳에서 거꾸로 떨어진 경우

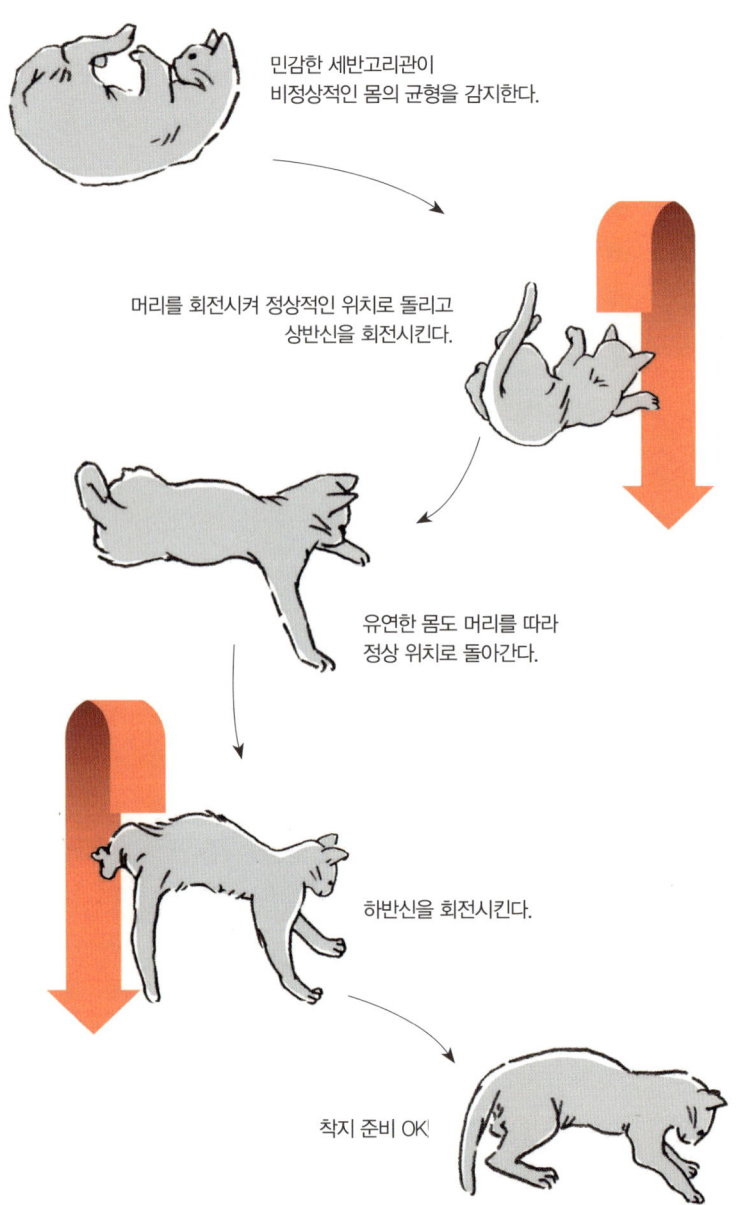

로 인한 착지 시의 충격을 견디기에는 한계가 있다. 상처입지 않고 착지할 수 있는 높이는 바닥이 부드러운 경우, 아파트 3층 정도의 높이라고 한다.

지구력이 부족한 고양이

우수한 운동신경을 가진 고양이지만 지구력만큼은 부족하다. 그래서 장시간 지속적으로 달리거나 거친 움직임을 계속하는 것은 불가능하다. 순발력은 뛰어나지만 지구력은 뛰어나지 못한 근육의 주인공이 바로 고양이다. 고양이는 사냥할 때, 먹잇감을 기다렸다가 은밀히 따라간 후 한 번에 공격해 숨통을 끊어놓는 방법을 쓰기 때문에 순발력이 뛰어난 편이 사냥에 유리하다. 적의 공격을 받았을 경우에도 순발력을 이용해 높은 곳에서 뛰어내려 도망치면 되기 때문에 지구력은 고양이에게 거의 필요하지 않다.

03

고양이는 왜 가르릉 소리를 낼까?

고양이를 쓰다듬거나 안으면 행복한 듯 눈을 감고 가르릉 소리를 낸다. 고양이가 기쁜 감정을 느끼면 내는 소리라는 것을 고양이를 좋아하는 사람이라면 누구나 다 알고 있다. 하지만 고양이가 가르릉거리는 소리를 내는 기관적인 구조에 대해서는 아직 확실히 밝혀지지 않았다. '후두를 연동시켜 그곳을 통과하는 공기를 이용해 내는 소리'라는 설이 유력한 정도다. 확실히 고양이가 숨을 들이마실 때와 내쉴 때 나는 가르릉 소리는 약간 다르다. 또 고양이가 숨을 멈추면 가르릉거리는 소리도 함께 멈춘다. 숨을 멈춘 고양이는 가르릉 소리를 내지 못하기 때문에 해부학적으로도 이 부분에 대해서는 설명되지 못한 상태다.

지금까지 밝혀진 것은 새끼 고양이가 어미젖을 먹을 때나 어미 고양이에게 칭얼댈 때, 또는 어미 고양이가 새끼들이 있는 곳에 가까이 갈 때나 새끼 고양이에게 젖을 물리려고 할 때 가르릉거리는 소리를 낸다는 사실이다. 새끼 고양이는 '만족하고 있다, 편안하다'는 기분을, 어미 고양이는 '걱정하지 마, 괜찮아'라는 기분을 전달하고 있다고 추측하고 있다. 새끼 고양이의 가르릉 소리가 어미 고양이의 젖이 나오도록 촉진한다는 설도 있다.

집고양이는 주인을 어미 고양이의 존재로 생각하기 때문에 주인에게 안기면 젖을 먹고 있을 때와 같은 기분을 느껴 가르릉거리는 소리를 낸다. 새끼 고양이의 기질이 강해 응석이 심한 고양이일수록 가르릉대는 소리를 자주 낸다. 잠을 자고 있으면서도 주인이 자신의 이름을 불렀다는 이유만으로 가르릉 소리를 내는 고양이도 있다. 이때 젖을 빨고 있는 새끼 고양이처럼 앞발을 교대로 움직여 주인의 몸을 꾹꾹 누르는 행동을 보이는 고양이도 있다.

🐾 가르릉 소리를 내는 신체적인 구조 관계는 아직 정확히 밝혀지지 않았다

하지만 가르릉거리는 소리의 의미는 밝혀져 있다.
그것은 바로 서로 간의 커뮤니케이션이다.

집고양이는 주인에게 안겨 있을 때 젖을 빨던 때와 같은 기분을 느낀다.

기쁠 때만 가르릉 소리를 내는 것은 아니다

한편 무서운 질병이나 상처로 죽을 위기에 처했을 때 가르릉거리는 소리를 내는 경우도 있다. 오랫동안 이 소리가 무엇을 의미하는지 수수께끼로 남아 있었지만, 최근 흥미로운 연구 결과가 발표되었다. 고양이가 가르릉거리는 소리를 내며 자연 치유 능력을 고양시키고 있는 것은 아닐까 하는 가설이다.

고양이가 가르릉대는 소리의 진동수는 20~50헤르츠로, 이는 동물의 골밀도를 높이는 진동수와 일치한다. 그러므로 평상시부터 가르릉 소리를 내며 골밀도를 높이는 것으로, 유사시 부상당하지 않도록 미리부터 준비하고 있는 것은 아닐까 하는 가설이다. 원래 고양이는 단독 생활을 하는 동물이므로, 만약 골절로 움직이지 못하게 되면 사냥 또한 불가능해지기 때문에 최악의 경우 굶어죽을 수밖에 없다. 그럴 경우 조금이라도 빨리 상처를 치료하기 위해 평소부터 가르릉대는 소리로 뼈를 튼튼하게 만들었고, 혹시 큰 병이나 상처로 죽을 뻔한 경험을 했을 때는 그런 소리를 더 자주 내며 자신의 몸을 치료하고자 하는 것은 아닐까 하는 연구 팀의 추측이다. 인간의 최신 의료 기술 중에도 진동을 이용해 골절을 조기 치료하고자 하는 '초음파 골절 치료'가 행해지고 있는데, 이와 같은 원리다.

사자나 치타 등 고양잇과의 다른 동물 역시 가르릉대는 소리를 낸다. 무리 생활을 하는 동물인 경우에는 상처를 입어도 다른 동료들이 도와줄 수 있지만, 단독 생활을 하는 동물인 경우에는 도와줄 동료가 없다. 단독 생활을 하는 육식동물인 고양잇과의 동물은 그런 의미에서 '가르릉 치료법'을 준비해두고 있는지도 모른다. 참고로 사자는 고양잇과 동물 중 유일하게 무리 생활을 하는 동물이다. 하지만 사자 역시 원래는 단독 생활을 하는 동물이었고 진화 과정 속에서 무리 생활의 형태를 취하게 되었다고 한다. 그리고 여전히 무리로부터 떨어져 혼자서 방랑하는 수컷 사자도 많이 있다.

가르릉대는 소리를 내는 또 다른 이유

가르릉 소리의 진동수는 20~50헤르츠. 이는 골밀도를 높이는 주파수와 동일하다. 고양이는 평상시부터 가르릉 소리를 내며 골밀도를 높이고 있는 것이다.

큰 상처를 입었을 때는 가르릉 소리를 더 많이 내며 상처를 치료하고자 한다. 어미젖을 빨고 있을 때의 편안한 감정을 찾기 위해서인지도 모른다.

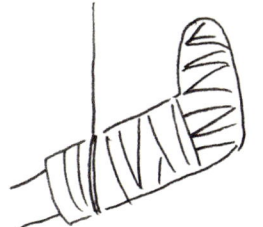

인간의 세계에도 '초음파 골절 치료'라는 치료법이 있다. 원리는 고양이의 가르릉 소리와 같다.

골밀도가 높아진다면…… 혹시 고양이도 골다공증을 예방하려고?!

04

왜 삼색털 고양이 중에는
수컷이 드물까?

흰색 털을 기본으로 검은 점과 갈색 점이 섞여 있는 고양이를 '삼색털 고양이'라고 한다. 이 삼색털 고양이는 대부분 암컷인데 그 이유는 유전학적인 이유상 삼색털 고양이의 수컷은 태어날 수 없기 때문이다. 왜 유전적으로 삼색털 고양이의 수컷은 태어나지 못하는 것일까? 그 이유를 이해하기 위해서는 염색체나 유전자의 세계를 잠시 살펴볼 필요가 있다. 아래의 설명을 잘 읽고 대체적인 흐름만이라도 이해해보도록 해보자.

고양이의 털 색깔은 유전자로 결정된다. 그 유전자는 염색체 속에 존재하며, 몸의 세포 각각에는 유전자를 가진 염색체가 포함되어 있다.

염색체는 두 개가 쌍으로 존재하는데 고양이의 염색체는 19쌍으로 총 개수는 38개다. 각각의 염색체 속 유전자는 수많은 유전정보를 가지고 있다. 19쌍의 염색체 중 한 쌍이 성염색체로, 이는 암컷과 수컷을 결정하는 염색체다. 성염색체가 XX의 조합으로 구성된 한 쌍의 경우에는 암컷으로, XY의 경우에는 수컷으로 결정된다.

본격적으로 질문에 대한 답을 하자면 갈색 털을 만드는 유전자는 성염색체인 X 속에 존재한다. 단, 유전자에는 각각의 형질에 따라 '발현하라'는 유전정보를 가진 것과 '발현하지 말라'는 유전정보를 가진 것이 있다. 전자를 우성유전자, 후자를 열성유전자라고 표현한다. 갈색 털을 만드는 유전자 중에서도 '갈색으로 만드는' 우성유전자와 '갈색으로 만들지 않는' 열성유전자가 존재한다. 고양이의 경우 갈색 털에 관한 우성유전자가 두 개로 모이면 갈색 털을 가진 고양이가, 열성유전자가 두 개 모이면 갈색

삼색털 고양이 중 수컷이 없는 이유

우성과 열성의 X염색체가 하나씩 모여야 삼색털을 가진 고양이가 태어난다. X염색체 하나만 가진 수컷은 원칙적으로 삼색 고양이가 나올 수 없는 것이다.

이외의 털 색깔을 가진 고양이가, 그리고 우성유전자와 열성유전자가 하나씩 모이면 삼색털을 가진 고양이가 태어나게 된다.

결론적으로, 갈색 털에 관한 우성유전가와 열성유전가가 만나기 위해서는 두 개의 X염색체가 필요하다. 수컷에게는 X염색체가 하나밖에 없으므로 양쪽 모두가 만나는 경우는 없다. 그러므로 원칙적으로 수컷 중에는 삼색털 고양이가 나올 수 없는 것이다.

수컷 삼색털 고양이는 번식 능력이 없다

그러면 유전적으로 태어날 수 없는 수컷의 삼색털 고양이가 실제로 태어나게 되는 이유는 왜일까? 그 이유는 변이 과정을 통해 XXY라는 염색체를 갖는 경우가 있기 때문이다. X염색체가 두 개 있으므로 갈색 털에 관련된 우성유전자와 열성유전자를 둘 다 가지는 것이 가능하다. 하지만 Y염색체가 존재하기 때문에 수컷으로 태어나게 되는 것이다. 이것이 수컷 삼색털 고양이의 정체다.

몸의 세포는 같은 것을 복사하며 분열하지만, 난자와 정자가 만들어질 때는 감수분열을 통해 분열한다. 즉, 쌍으로 존재하던 염색체가 풀려 두 개로 나뉘기 때문에, 정자와 난자의 염색체 수는 체세포의 절반인 19개밖에 없다. 교미 후 수정란이 만들어졌을 때 정자와 난자가 결합하면서 다시 38개의 염색체로 구성되고, 이 시기에 부모 양측의 유전자가 서로 섞이게 된다. 감수분열이 행해질 때, 홀수인 XXY 성염색체는 두 개로 나뉠 수가 없다. 따라서 정상적인 정자를 만들 수가 없어 수컷 삼색털 고양이는 번식 능력을 가질 수 없게 된다. 그러나 가끔 번식 능력이 있는 수컷 삼색털 고양이도 존재한다. 성염색체가 XXYY인 경우다. 이럴 경우에는 X가 두 개 있기 때문에 삼색털을 가지게 되고, 염색체가 짝수라

🐾 수컷 삼색털 고양이에게 번식 능력이 없는 이유

수컷 삼색털 고양이는 XY의 성염색체 대신 XXY라는 성염색체를 가지고 있다. 보통 XY의 성염색체는 둘로 분열되지만, XXY의 경우에는 홀수이기 때문에 둘로 분열 되지 못한다. 따라서 번식을 하기가 어려운 것이다.

둘로 나뉠 수 있어 감수분열도 가능하기 때문이다. 더 많은 수의 성염색체를 가진 고양이도 있을 것으로 추측되기도 하는데, 만약 그렇다면 어디까지가 '보통'의 고양이인지 구분하기가 어려울 정도다. 고양이란 참으로 신기한 생명체다. 예전 뱃사공들이 수컷 삼색털 고양이를 '항해의 수호신'으로 소중히 했다는 이야기도 어쩐지 납득된다.

고양이는 색깔을 구별할 수 있을까?

일반적으로 야행성 동물은 색을 구별할 수 없다는 것이 정설이다. 망막에는 빛을 감지하는 세포와 색을 감지하는 세포가 있는데, 야행성 동물의 망막에는 빛을 감지하는 세포의 수가 많고 그 대신 색을 감지하는 세포수가 적기 때문이다. 그러므로 아주 적은 빛만으로도 사물을 볼 수 있는 반면, 색을 구분하는 것은 어렵다.

그렇다고 고양이가 색을 전혀 구별하지 못하는 것은 아니다. 실험에 의하면 빛의 삼원색인 빨간색, 파란색, 녹색 중 파란색과 녹색은 구별할 수 있으며, 빨간색은 구별할 수 없다고 한다. 색을 감지하는 세포는 파란색을 감지하는 세포와 녹색을 감지하는 세포 등 서로 분할되어 존재한다. 즉, 고양이의 망막에는 빨간색을 감지하는 세포가 존재하지 않기 때문에 빨간색을 구분할 수 없는 것이다.

그렇다면 인간의 눈에 빨간색으로 보이는 색이 고양이의 눈에는 어떻게 비칠까? 고양이의 눈에 빨간색은 노란색이나 옅은 초록색으로 보인다고 한다. 즉, 초록색 계열의 양탄자 위에 빨간색 물건이 놓여 있어도 고양이는 좀처럼 그 물건의 존재를 알아차리지 못한다.

하지만 고양이에게 색깔 구별은 그다지 중요한 일이 아니다. 게다가 초점을 정확히 맞춰서 사물을 볼 필요도 없다. 실제 고양이에게 초점이 정확하게 맞는 부분은 시야의 정중앙 부분뿐으로, 고양이의 눈앞에 멸치를 갖다 대어도 어디에 있는지 찾지 못하고 고개를 두리번거리는 이유도 그 때문이다.

  고양이에게 색의 구별이나 초점보다 더 중요한 것은, 움직이는 사물을 민감하게 잡아내는 시력(동체시력)이다. 움직임에 대한 반응은 인간보다 훨씬 더 발달해 있다. 살아 있는 동물을 먹잇감으로 삼는 야생성 동물에게 필요한 것은 어두운 곳에서도 잘 볼 수 있고 움직이는 것을 민감하게 감지할 수 있는 눈인 것이다.

🐾 고양이는 파란색과 초록색은 구별할 수 있지만 빨간색은 구별하지 못한다

색을 구별하지 못해도 고양이는 불편하지 않다. 그 이유는 색깔을 구별할 수 없어도 사냥은 가능하기 때문. 초점을 잘 맞출 수 없지만 그것 역시 불편하지 않다. 고양이 눈이 어설프게 보인다고 무시하다가는 고양이에게 잡힐 수도 있다.

고양이에게 중요한 것은 어둠 속에서 잘 볼 수 있는 능력과 움직임을 잡아내는 능력이다.

고양이도 빛이 전혀 없는 암흑 속에서는 아무것도 볼 수 없다

어두운 곳에서도 잘 볼 수 있는 고양이의 눈은 적은 양의 빛을 효율적으로 이용할 수 있는 구조를 갖추고 있다.

효율적인 구조의 첫 번째로 들 수 있는 것은 눈의 크기다. 고양이는 눈 크기가 큰 동물이다. 눈이 크다는 것은 동공(눈동자)을 크게 확장시킬 수 있다는 것과 같은 의미로, 동공은 망막에 닿는 빛을 받아들이는 '입구'와 같은 역할을 한다. 그러므로 동공을 보다 크게 넓힐 수 있다면 눈 속으로 빛이 더 많이 들어올 수 있다. 어둠 속에서 고양이 눈을 보면 동공의 크기가 최대한으로 커져 있는 것을 알 수 있다. 그때의 크기가 최대 동공 사이즈다. 인간은 아무리 어두운 곳에서도 고양이만큼 동공이 넓어지지는 않는다. 야행성 동물의 눈이 큰 이유는 가능한 한 많은 양의 빛을 받아들이기 위해서다.

고양이 눈은 어둠 속에서 빛난다. 고양이의 망막 뒤편에는 '타페탐'이라 불리는 반사판이 있어, 동공으로 들어와 망막을 통과한 빛을 반사시킨다. 망막에는 시신경이 있기 때문에 빛이 그곳에 닿으면 반응을 보이게 되며, 반사된 빛이 다시 한 번 망막을 통과하는 과정 속에서 시신경을 다시 자극하게 된다. 즉, 시신경을 반복적으로 자극하게 되므로 일반적인 경우보다 사물을 더 잘 볼 수 있는 구조다. 그리고 반사된 빛이 그대로 바깥으로 방출되기 때문에 어둠 속에서 고양이 눈이 우리 눈에는 빛나는 것처럼 보인다. 고양이 외에도 밤에 눈이 빛나는 동물은 많다. 하지만 이는 적은 양의 빛을 효율적으로 이용하기 위한 결과 나타난 현상일 뿐으로, 주변을 보기 위해 눈에서 빛을 방출하는 것은 아니다. 이런 현상은 밝은 곳에서도 여전히 일어나고 있으며, 이럴 경우 주변이 밝기 때문에 빛나지 않는 것처럼 보인다.

🐾 고양이 눈과 사람 눈의 차이

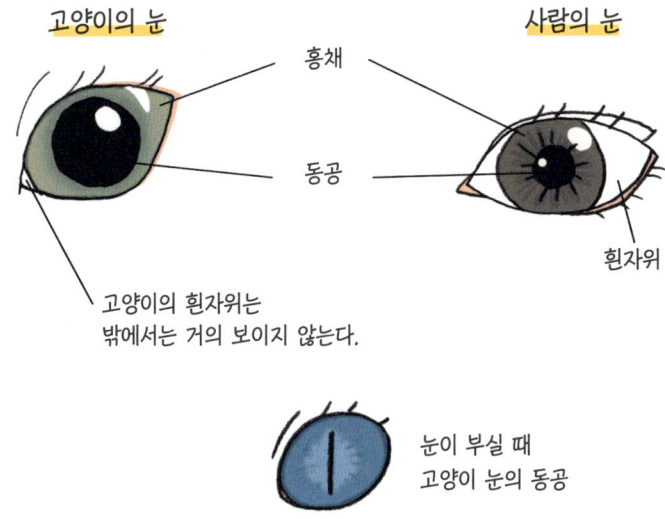

고양이는 다양하고 효율적인 눈의 구조를 가지고 있기 때문에, 사람이 사물을 볼 수 있기 위해 필요한 빛의 7분의 1만 있어도 충분하다. 그러나 어디까지나 부족한 빛을 사람보다 효율적으로 이용할 수 있다는 의미로, 빛이 전혀 없는 암흑 속에서는 고양이 역시 사람과 마찬가지로 아무것도 볼 수 없다.

이렇듯 효율적으로 빛을 이용하고 있는 고양이는 광량이 풍부한 낮 시간에는 지나치게 많은 빛 때문에 눈이 부셔 힘들어한다. 이럴 때 고양이는 거의 일직선에 가까울 정도로 동공을 바늘처럼 가늘게 만듦으로써 눈으로 들어오는 광량을 제한한다.

06

발바닥 패드를 만지면 싫어하는 이유는?

확실히 고양이는 발바닥의 패드를 만지면 발을 빼며 싫어한다. 끈질기게 계속 만지려고 하면 결국 이빨을 드러내며 화를 내기도 한다. 이렇듯 고양이가 자신의 패드를 만지는 것을 싫어하는 이유는 그곳의 신경이 민감하기 때문이다. 사람도 민감한 곳을 만지려고 하면 몸을 빼며 피하는 것처럼 고양이도 마찬가지다.

발바닥 패드의 피부는 털이 나 있는 다른 곳의 피부보다 두껍기는 하지만, 피부 안쪽에 신경이 많이 자리 잡고 있기 때문에 민감한 부분이다. 둔감한 발바닥으로 요철이 있는 장소를 걷다가는 넘어지기 쉽지만, 고양이는 민감한 패드 덕분에 걷기에 불안정한 장소에서도 잘 걸을 수 있다. 더군다나 고양이의 패드는 지방과 탄성섬유로 되어 있기 때문에 요철 부분에 발바닥을 밀착시키는 것도 가능하다.

고양이의 발바닥 패드에는 미끄럼 방지 기능도 포함되어 있는데 고양이가 긴장하면 패드에서는 땀이 난다. 패드 부분을 제외하고는 고양이의 몸에는 땀샘이 없다. 즉, 고양이의 땀은 사람의 땀처럼 체온 조절을 위한 것이 아니라 미끄럼 방지를 위한 것이다. 사람도 긴장하면 손에 땀이 나는데, 인간으로 진화하기 전인 원숭이 시절에는 손에서 나는 땀이 나무에 오르기 위한 미끄럼 방지의 역할을 했다고 한다. 고양이의 패드에서 나는 땀과 그 성격이 비슷하다.

또한 폭신폭신하며 민감한 감각을 지닌 패드는 사냥할 때 고양이가 소리 내지 않고 목표물에 다가가는 것을 가능하게 했다. 패드는 소리를 없애기 위한 쿠션의 역할도 겸하고 있다.

이렇듯 민감한 조직으로 구성된 패드를 부드럽게 만져주면 고양이도 좋아한다. 주인이 애정이 담긴 손길로 부드럽게 만져주면 네 다리를 넓게 벌리고 기분 좋은 얼굴을 하기도 한다. 하지만 자신의 패드를 거칠게 만지는 손길에는 고양이 역시 견딜 수 없나 보다.

🐾 발바닥 패드의 비밀

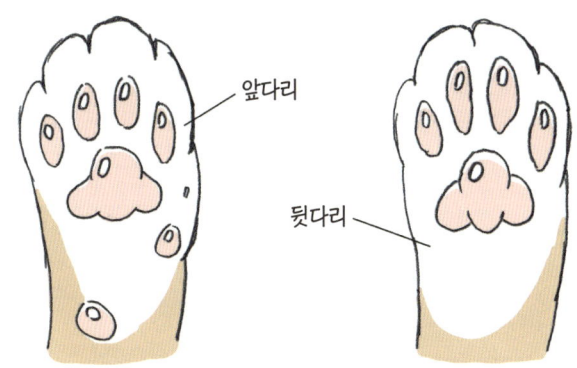

탄력 있고 푹신한 패드는 지방과 탄성섬유로 이루어져 있다.
패드의 피부는 두꺼우면서도 매우 민감하다.

그래서 어떤 장소에서라도 잘 걸을 수 있다. 패드에서 나는 땀은 미끄럼 방지의 역할을 하고 있으며,

푹신한 발바닥은 소리 내지 않고 달리기 위한 쿠션의 역할도 하고 있다.

커다란 패드는 '발바닥'이 아니다

앞발의 발바닥에는 콩알처럼 작은 패드 다섯 개와 '발바닥'처럼 보이는 커다란 패드가 있다. 하지만 보이는 모양과는 달리 큰 패드는 '발바닥'의 역할을 하고 있지 않다. 패드가 있는 부분은 전부 발가락에 해당되며, 콩처럼 작은 패드는 발끝 부분, 발바닥처럼 보이는 큰 패드가 있는 부분은 발가락이 붙어 있는 곳부터 제2관절이 붙어 있는 부분이다.

고양이는 패드 부분을 지면에 붙여서 걷는다. 그러므로 고양이는 발가락 부분만을 지면에 닿은 채 걷고 있는 셈이다. 보행 시 뒷다리의 모습을 살펴보면 인간이 발끝으로 선 것과 같은 자세를 보인다. 크게 살펴봤을 때 동물은 모두 공통된 골격을 하고 있지만, 보행 시 발의 어느 부분이 지면에 닿는지는 모두 제각각이다. 인간처럼 뒤꿈치까지 닿으며 걷는 동물은 의외로 적어서, 원숭이와 곰, 판다, 너구리 정도에 불과하다. 참고로 레서판다(히말라야 원산의 몸집이 작은 판다_옮긴이)가 앞발을 들어 올려 간단하게 몸을 세울 수 있는 까닭은 인간처럼 발꿈치까지 지면에 닿

🐾 고양이와 사람의 골격 차이

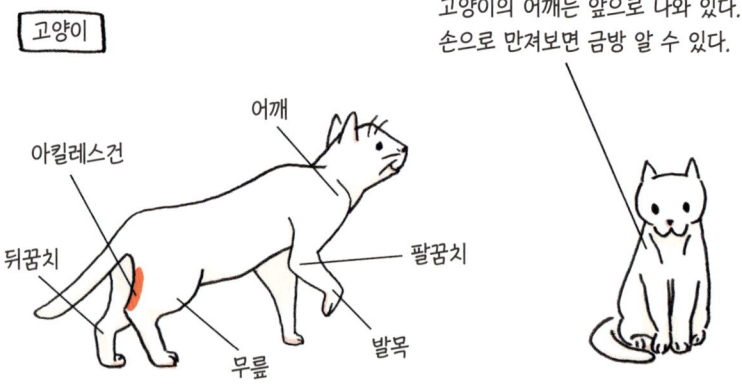

아 있기 때문이다.

말이 나온 김에 고양이의 뒤꿈치와 발목의 위치를 살펴보도록 하자. 동물은 전부 같은 관절 부분으로 연결되어 있기 때문에, 자신의 손목을 기준 삼아 고양이의 발에서 같은 방식으로 굽혀지는 곳을 찾아보면 쉽게 알 수 있다. 고양이의 뒤꿈치는 사람에 비해 꽤 위쪽에 위치하고 있으며, 발목 뒤편의 아킬레스건이 있는 쪽이 바로 뒤꿈치다. 같은 방식으로 앞발의 발목, 무릎, 어깨도 찾아보기 바란다.

발목의 위치를 찾았는가? 발목 부분에 또 하나의 패드가 있는 것도 발견했는가? 이 부분의 패드는 발가락의 역할을 하지 않는다. 세상에 존재하는 동물 중 여섯 개의 발가락을 가진 동물은 없다. 고양이 발목 부분에 있는 또 하나의 패드가 무슨 역할을 하는지는 아직 밝혀지지 않았다. 단지 밝혀진 것이라고는 여섯 번째 패드가 있는 곳이 발목의 위치라는 것과 진화 과정에서 퇴화한 부분이 아닐까 하는 사실뿐이다.

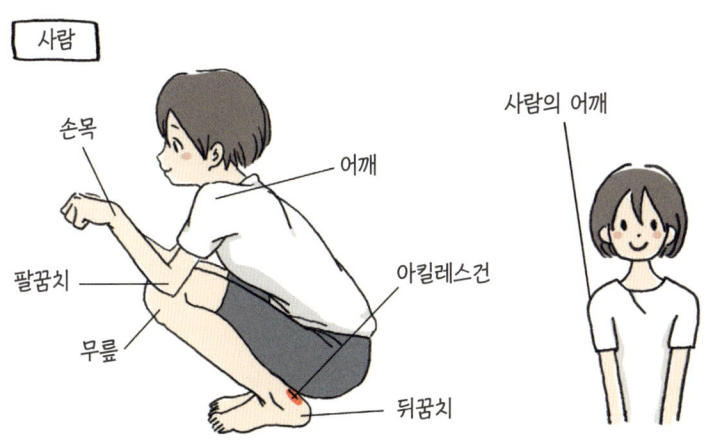

수염은 어떤 역할을 할까?

한마디로 이야기하자면 고양이의 수염은 '안테나'다. 자기 주변에 방해물이 있는지 없는지, 고양이는 수염 끝을 이용해 찾아낸다. 사냥하거나 적으로부터 도망칠 때 고양이는 주로 좁은 곳을 통과하고는 하는데, 이때 고양이는 정면을 보는 것도 벅차기 때문에 주변을 일일이 확인할 여유가 없다. 원래 고양이의 눈은 시야 주변부의 초점이 맞지 않는 구조로 되어 있기 때문에 눈을 이용해 주변을 확인하기가 쉽지 않다. 이럴 때 수염이 그 능력을 발휘한다. 고양이는 오른쪽 수염 끝에 무언가 닿으면 오른쪽에 방해물이 있다고 감지하고 왼쪽으로 몸을 피해 보행한다. 사람이 어둡고 좁은 곳에서 양손을 뻗어 손으로 더듬거리며 걷는 것과 같은 방식이다.

몸의 털이 길고 두껍고 딱딱하게 변한 것이 바로 수염이다. 모든 털의 모근 부분은 신경으로 둘러싸여 있기 때문에 털이 움직이면 그 끝에 무언가 닿았기 때문이라고 감지한다. 사람 역시 머리카락 끝이 무언가에 닿으면 금세 알아차리는데, 그것과 같은 방식이다. 그리고 고양이의 수염은 길고 딱딱하기 때문에 그 끝이 무언가를 건드리면 '지레의 원리'로 모근의 신경은 더 크고 강한 자극을 받는다. 그만큼 고양이의 수염은 민감하다.

자, 그럼 이제 고양이의 얼굴을 자세히 관찰해보자. 수염은 윗입술뿐만 아니라 눈 위와 뺨, 턱의 아랫부분에도 나 있다. 뺨에는 두 군데 수염이 나 있다. 고양이가 앞으로 걸어 나갈 때 얼굴의 수염을 방사형으로 펼치기 때문에 자기 몸 크기만큼의 공간을 감지할 수 있게 되는 것이다.

고양이의 수염이 눈에 잘 띄는 탓인지, 수염이 고양이의 전매특허인 것처럼 여겨지지만 실제로는 다른 많은 동물의 얼굴에도 수염이 있다. 육식동물은 물론, 쥐나 토끼, 말이나 소 등 대부분의 동물은 수염을 가지고 있다. 특히 쥐 등 설치류의 동물은 수염을 활발하게 이용하며 몸을 움직이면서 고양이보다 더 적극적으로 '수염 센서'를 이용하고 있다고 한다. 초식동물은 수염을 이용해 얼굴 가까이 날아온 벌레를 알아차리고 재빨리 쫓아버린다.

고양이의 수염은 센서 역할을 한다

수염은 센서!

수염의 끝에 무언가가 닿는다면 수염은 센서! 장애물이 있다는 뜻이다. 이렇게 많은 안테나를 세우고 있으므로 좁은 곳도 쉽게 빠져나갈 수 있다.

대부분의 동물에게는 수염이 있는데,

긴 수염을 이용해 이동하고 벌레가 날아와도 금세 알아차릴 수 있다.

자유롭게 움직일 수 있는 수염과 움직일 수 없는 수염이 있다

고양이의 윗입술 근처의 수염은 다른 수염보다 한층 더 길고 두껍다. 뭔가를 흥미진진하게 보고 있을 때, 혹은 움직이는 것을 쫓으며 장난칠 때, 고양이는 윗입술 근처의 수염을 앞을 향해 뻗는다. 다른 곳의 수염은 움직일 수 없지만 윗입술 근처의 수염만은 자유자재로 세우거나 눕힐 수 있다.

자유롭게 움직인다는 말은 '적극적으로 무엇인가를 하고 있다'는 말이다. 움직일 수 없는 수염은 '수동적인 센서'라 할 수 있지만, 자유롭게 움직일 수 있는 수염은 무언가 다른 역할을 하고 있는 것은 아닌지 생각해 볼 필요가 있다. 그렇다면 자유롭게 움직이는 수염의 또 다른 역할은 무엇일까?

그것은 바로 사냥할 때다. 고양이는 목표물을 향해 살금살금 다가가서 빈틈을 노린 후, 순식간에 달려들어 숨통을 끊어놓는 식으로 사냥한다. 먹잇감을 물어 죽일 때, 입에 물린 동물이 필사적으로 버둥거리는 움직임을 윗입술의 수염이 감지한다. 까딱 잘못하다가는 필사적으로 저항하는 동물에게 물릴 위험이 있기 때문이다. 게다가 고양이는 가까이 있는 사물에 초점을 맞출 수 없기 때문에 눈앞의 것을 감지하는 센서가 더욱 더 필요하다. 즉, 윗입술에 난 수염의 길이는 먹잇감을 공격할 때 필요한 먹잇감과 자신과의 거리이기도 하다.

털에는 수명이 있기 때문에 일정 기간이 지나면 저절로 빠지고, 빠지기 전까지 털은 계속해서 조금씩 자란다. 즉, 체모보다 수염 길이가 더 긴 이유는 수염의 수명이 더 길기 때문이다. 털이 긴 품종의 고양이는 털의 수명이 더 길어지도록 개량되어왔다. 그러므로 털이 빠지지 않는 사이 털은 계속 자랄 수 있고, 그렇기 때문에 긴 털을 유지할 수 있다. 이럴 경우 수염의 수명도 털의 수명에 비례해 길어지기 때문에 털이 긴 품종의 경우 수염이 더욱 긴 특징이 있다. 하지만 본래의 역할을 수행하기에는 불필요하게 길어졌다고도 할 수 있다.

고양이 마음대로 움직이는 수염도 있다

졸고 있을 때 윗입술 쪽 수염은 누워 있다.

무언가에 흥미를 느끼면 수염이 앞을 향한다.

← 수염 방향

먹이를 잡았을 때도 수염은 앞을 향해 있다.

윗입술의 수염이 적극적인 센서라면
다른 곳의 수염은 수동적인 센서라고 할 수 있다.

08

고양이는 맛을 알까?

음식의 맛은 혀와 혀에 있는 미뢰로 구별한다. 사람이 가진 미뢰의 수는 약 9,000개. 그에 비해 고양이의 미뢰는 약 800개이므로 고양이의 미각은 사람보다 떨어진다고 할 수 있다. 고양이보다 사람이 보다 복잡한 맛을 느낄 수 있다. 즉, 같은 음식을 먹어도 인간과 고양이 사이에는 맛을 느끼는 방식이 서로 다르다. 원래 동물에 따라 각각 구별할 수 있는 맛과 구별할 수 없는 맛이 존재한다.

우선 기본적인 것부터 설명해보겠다. 동물에게는 각각 필요한 영양소가 서로 다르다. 어떤 영양소를 에너지원으로 삼고 있는지도 각기 다르다. 하지만 공통점도 있다. 바로 에너지원을 얻을 수 있는 영양소를 다른 것에 비해 더 달고 맛있다고 느낀다는 점이다. 동물이 살아가기 위해 무엇보다 필요한 것은 에너지원인데, 에너지원이 되는 영양소에 대해 '달다'고 느끼도록 몸이 기억하고 있는 것이다. '달다'고 하는 감각은 쾌감과도 연결되는데, 영양소를 먹게 하기 위한 '포상'인 셈이다.

사람의 에너지원은 당분이며, 사람은 당분을 '달다'고 느낀다. 피곤할 때일수록 단 음식이 더 맛있게 느껴지는 이유는 우리 몸이 에너지원을 더 섭취하려고 하기 때문이다.

그에 비해 육식동물인 고양이의 에너지원은 단백질이다. 그래서 고양이는 단백질에 포함된 아미노산의 단맛을 더 강하게 느낀다. 고양이는 우리가 달다고 느끼는 당분의 단맛은 느끼지도 못할뿐더러 제대로 소화

시키지도 못한다. 생크림 케이크 같은 것을 좋아해서 잘 먹긴 하지만, 생크림 속의 단맛에 반응하는 것이 아니라 그 속에 포함된 지방의 맛에 반응하는 것이다.

　사람이 맛있다고 느끼는 음식이라고 해서 고양이도 그렇게 느끼는 것은 아니다. 고양이에게는 고양이의 영양학, 사람에게는 사람의 영양학이 있는 법이다. 각자 자신에게 필요한 영양소를 '맛있다'고 느끼고 있는 것이다.

🐾 동물은 각각 구분할 수 있는 맛과 구분할 수 없는 맛이 있다

혀가 맛을 감지한다.

인간은 당분을 달다고 느끼지만 고양이는 그 맛을 알지 못한다. 그에 반해 고양이는 아미노산의 단맛을 강하게 느낀다.

사람은 당분을

고양이는 단백질을

에너지원으로 삼고 있기 때문이다.

동물마다 필요로 하는 영양소가 다르다. 따라서 미각도 서로 다르다.

음식은 냄새로 판단한다

고양이가 맛으로 음식을 판단하는 것은 아니다. 먹을 수 있는 음식인지 그렇지 않은 음식인지 결정하는 수단은 '냄새'다. 고양이의 후각은 인간보다 5~10배 더 민감한데, 음식 이외에도 자신의 영역, 혹은 만난 적이 있는 사람인가의 여부도 냄새로 판단한다. 고양이는 후각을 이용해 주변의 세계를 보고 있다고 해도 결코 과언이 아니다.

태어난 지 얼마 되지 않은 새끼 고양이가 어미의 젖꼭지를 정확하게 찾아갈 수 있는 것 역시 후각 때문이다. 아직 눈을 뜰 수 없고 귀도 들리지 않는 새끼 고양이지만, 후각만은 발달해 있기 때문에 냄새로 젖꼭지를 찾을 수 있는 것이다.

하지만 냄새로 음식에 대해 판단하는 고양이에게는 한 가지 애로 사항이 있다. 냄새가 나지 않는 음식은 그것에 대한 판단이 불가능하여 아예 먹을 수가 없다는 점이다. 예를 들어 고양이가 아무리 좋아하는 음식이라도 거기에서 냄새가 나지 않는다면 먹을 생각을 하지 않는다. 냉장고에서 바로 꺼낸 차가운 음식에서는 냄새가 나지 않기 때문에 입도 대지 않으며, 만약 감기로 코가 막혀 냄새를 잘 맡을 수가 없으면 음식을 먹지 못하기 때문에 더욱 쇠약해진다. 고양이에게 감기가 위험한 이유는 이 때문이다.

냄새로 음식을 판단하는 행위가 그리 특이한 것은 아니다. 사람은 시각을 이용해 먹을 수 있는 음식인지 아닌지를 판단한다. 모양이나 색깔이 이상한 음식은 절대 먹지 않는 사람이 많은 것처럼 고양이도 마찬가지다. 인간은 시각에 의존하는 동물인 반면, 고양이는 후각에 의존하는 동물이다. 고양이의 경우 그저 본능에 충실한 것뿐이다. 모양과 색이 이상한 음식을 먹어보고 싶어 하는 특이한 사람을 두고, 좋게 말하면 도전

정신이 뛰어난 사람, 나쁘게 말하면 동물로서의 올바른 본능을 잃어가고 있는 사람이라고 말할 수 있다.

🐾 고양이는 냄새로 먹을 수 있는지의 여부를 판단한다

감기에 걸려 코가 막히면 아무것도 먹지 못한다.

09

음식을 잘 씹지 않고
그냥 넘기는 이유는?

육식동물은 음식을 잘 씹지 않고 그대로 꿀꺽 삼킨다. 어금니로 음식을 씹어 넘기는 행동은 인간을 비롯한 잡식동물이 음식을 먹는 방식이다. 그에 비해 초식동물은 아래턱을 좌우로 움직여 잘게 부수어 삼키는 방식으로 풀을 먹는다.

고양이가 하품할 때 어금니의 형태를 관찰해보자. 사람의 어금니는 음식을 씹기 좋은 절구 모양인 데 비해 고양이의 어금니 끝은 뾰족해 음식을 잘 씹을 수 없는 모양이다. 이번에는 고양이가 입을 다물고 있을 때 입술을 들어 올려 어금니를 관찰해보자. 위쪽의 어금니는 바깥쪽으로, 아래의 어금니는 안쪽으로 서로 교차되어 있어 사람처럼 위아래가 맞물려 있는 모양과 대조적이다. 이 또한 음식을 잘 씹을 수 있는 형태는 아니다.

고양이는 어금니를 이용해 고기를 씹을 수 있는 상태의 크기로 자른다. 그리고 그 상태 그대로 삼키는 것이 고양이가 음식을 먹는 일반적인 방법이다. 이렇듯 음식을 적당한 크기로 자르는 것이 어금니의 역할이기 때문에 끝이 뾰족하고 위아래가 서로 교차된 모양을 하고 있는 것이다. 사람이 앞니를 이용해 음식을 적당한 크기로 자르는 것과 같은 방식이다. 사람의 앞니도 끝이 뾰족하고 서로 교차되어 있는데, 이는 가위로 물건을 자를 때와 같은 원리다. 그래서 고양이의 어금니를 다른 말로 '열육치裂치齒'라고 부른다.

　회 한 점을 고양이에게 줘보면 머리를 옆으로 기울인 채 안쪽의 열육치로 2~3회 씹은 후 삼켜버린다. 보통 음식을 씹는 두세 번의 과정을 통해 음식은 삼키기 좋은 크기로 나누어진다. 음식을 씹는다기보다는 음식을 자르고 있다는 것이 더 정확한 표현이다. 이렇듯 적당한 크기로 음식을 나누어 그대로 삼키기 때문에 고양이의 식사는 순식간에 끝나곤 한다.

　습식사료는 씹어서 그 크기를 자를 필요가 없기 때문에 앞니를 이용해 입속에 집어넣으면 된다. 그 때문에 최근 들어서는 '정통적인' 고양이의 식사 방법을 잘 볼 수 없게 되었다. 원래 고양이는 음식을 먹을 때 크기가 작은 앞니를 거의 사용하지 않는다. 앞니의 원래 목적은 털 고르기용으로, 가려운 곳을 긁을 때 쓰는 빗의 역할이 그 본래의 용도였다.

잘 씹지 않고 삼키는 이유는?

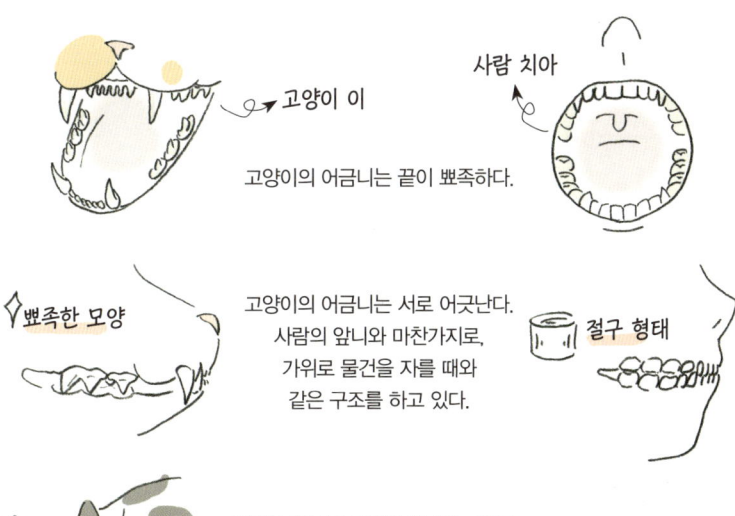

고양이 이 / 사람 치아
고양이의 어금니는 끝이 뾰족하다.

뾰족한 모양
고양이의 어금니는 서로 어긋난다. 사람의 앞니와 마찬가지로, 가위로 물건을 자를 때와 같은 구조를 하고 있다.

절구 형태

얼굴을 옆으로 기울인 채 씹는 이유는 어금니로 음식을 자르기 위해서다.

동물들은 모두 뜨거운 음식을 못 먹는다

뜨거운 음식을 잘 못 먹는 사람을 '고양이 혀猫舌'(네코지타: 일본에서는 뜨거운 음식을 못 먹는 사람을 고양이와 비슷하다고 하여 '네코지타'라고 한다_옮긴이)라고 한다. 마치 고양이만이 뜨거운 음식을 못 먹는다는 것처럼 들리는 말이지만, 사실 그렇지도 않다. 동물은 전부 뜨거운 음식을 먹지 못한다. 사람의 경우, 성인만이 뜨거운 음식을 먹을 수 있는데 이는 뜨거운 음식을 즐기는 식문화를 보고 겪은 결과다.

원래 자연계에는 불어서 식혀 먹어야 할 정도의 뜨거운 음식이란 존재하지 않는다. 음식 중 가장 뜨거운 것이 방금 사냥한 동물의 살점이기 때문에, 대체로 자연계에서는 체온 정도의 온도가 가장 뜨거운 음식이었다. 즉, 동물은 원래부터 체온 이상의 뜨거운 것을 먹는 습관이 없었다. 그러므로 체온 이상의 뜨거운 것을 먹는 능력이 갖추어져 있지 않다. 인간 역시 어릴 때는 뜨거운 음식을 먹지 못하지만, 점점 '훈련'을 통해 뜨거운 것을 먹을 수 있게 된다. 뜨거운 것을 잘 먹지 못하는 사람은 야생

동물은 전부 뜨거운 것을 먹지 못한다

고양이는 뜨거운 음식을 먹지 못한다.

모든 동물은 원래 뜨거운 음식을 먹지 못한다. 자연계에는 체온보다 높은 온도의 먹잇감이 존재하지 않기 때문이다.

본래의 성향을 강하게 가지고 있다고 할 수 있지만, 달리 말하면 훈련 부족이라고도 할 수 있다.

개 역시도 뜨거운 것을 먹지 못한다. 그런데 왜 '개 혀'가 아니라 '고양이 혀'라는 말이 생겨나게 되었을까? 개는 주인에 순종하는 동물로, 어지간한 일로는 불만을 표현하지 않는 동물이다. 다소 음식이 뜨거워도 참고 먹기 때문에 어린아이처럼 '훈련'을 통해 발전할 가능성이 크다. 그에 비해 고양이는 '내 갈 길을 간다'는 식의 독립성이 강한 동물로, 조금만 뜨거워도 소리를 지르며 큰 반응을 보이는 등 과장된 몸짓을 한다. 예전부터 이러한 고양이의 행동이 눈에 띄게 되었고, 그렇기 때문에 뜨거운 것을 못 먹는 사람을 '고양이 혀'라고 부르게 된 것이다.

육식동물이 좋아하는 음식의 온도는 '피부'의 온도인데, 그 이유는 갓 잡은 먹이의 체온이 그 정도이기 때문이다. 수분이 많아 겨울에 지나치게 차가워지는 캔 사료를 '피부'의 온도까지 데워주면 잘 먹는 이유 역시 그 때문이다.

여러 마리 수컷의 정자를 한꺼번에 수정할 수 있다는 것이 사실일까?

고양이는 '교미배란'이라는 배란 구조를 가지고 있다. 교미배란이란 교미 시의 자극에 의해 배란이 일어나는 구조다. 대부분의 동물은 발정기가 되면 자연스럽게 배란이 일어나며, 배란기에 교미가 일어나 수정이 이루어진다. 하지만 고양이의 경우 교미에 의해 배란이 일어나게 되므로 한 번의 교미가 확실한 임신으로 이어진다. 하지만 고양이가 왜 이런 식의 배란 구조를 가지게 되었는지에 대해서는 아직 확실히 밝혀진 것이 없다. 고양이 외에 교미배란을 하는 동물은 토끼다.

발정기에 들어선 암컷은 페로몬을 여기저기 퍼뜨리고 다니며, 그 페로몬에 반응한 여러 마리의 수컷이 암컷 주변으로 모여든다. 수컷의 입장에서 보자면, 암컷의 페로몬에 이끌려 허겁지겁 열심히 암컷을 쫓아온 셈이다. 하지만 암컷 주변에는 자기 이외에도 다른 수컷이 여러 마리 있는 상황이므로 다른 고양이들을 쫓아내기 위한 싸움이 일어나고는 한다. 발정기의 고양이들이 시끄러운 소리를 내며 계속 소란스러운 이유는 암컷을 둘러싼 싸움 때문이다. 보통의 경우라면 그중 가장 강한 수컷이 암컷과 교미하지만, 개중에는 서로 싸우는 틈을 노려 암컷과 교미하는 약삭빠른 수컷도 있다. 이때 교미에 의해 배란이 촉진되므로 수정으로 연결된다. 하지만 그 후 무리 중 제일 강한 수컷이 중간에 끼어든 약삭빠른 수컷을 쫓아내고 다시 암컷과 교미하면, 교미로 인해 다시 배란이 일어나기 때문에 또다시 수정란이 형성될 가능성이 있다. 그래서 아빠가 서로 다른 새끼들이 동시에 태어날 수 있게 되는 것이다.

　암컷은 수정이 끝나면 발정이 멈추기 때문에 수컷을 받아들이지 않게 된다. 그러므로 항상 여러 마리의 수컷을 받아들여 '아비 다른 새끼'를 낳는 것은 아니다. 교미배란을 하는 동물이므로 경우에 따라 그런 일이 생겨날 가능성이 있다는 것이다.

발정기의 고양이들

발정기의 고양이들은 여기저기 페로몬을 뿌리고 다닌다.
이 중 두 마리의 수컷이 교미에 성공한 경우……

교미마다 배란이 일어나기 때문에
아빠가 서로 다른 새끼들이 태어날 가능성도 있다.

암컷이 발정해야 수컷도 발정한다

 인간은 1년 어느 때든 번식 행위가 가능하지만, 동물의 경우 번식 가능한 시기가 정해져 있다. 발정기 혹은 번식기라고 칭하며, 그 밖의 시기에는 교미를 하지 않는다.

 고양이는 일조시간이 길어지면 발정기를 맞이하는 동물이다. 이른 봄에 커다란 발정기를 맞게 되고, 가을이 되기까지 한두 번의 작은 발정기를 맞게 된다. 대부분의 야생동물은 초봄에만 발정기를 맞이하지만 인간과 함께 생활하기 시작한 고양이의 영양 상태가 좋아지면서 발정기의 횟수가 늘어난 것으로 볼 수 있다. 최근 실내에서 키우는 고양이는 인간과 함께 생활하게 되면서 밤에도 조명 불빛 아래에서 지내므로 겨울에도 발정기를 맞는 경우도 있다.

 최초의 발정기는 생후 1년 전후에 찾아오는 것이 보통이지만, 빠른 경우 생후 4개월에 최초의 발정기를 맞는 경우도 있다. 이때 먼저 발정기를 맞는 것은 암컷이다. 수컷의 발정기는 암컷이 발하는 페로몬에 의해 찾아온다. 만약 육지에서 멀리 떨어진 작은 섬에 수컷 고양이밖에 없다면 그 섬의 고양이에게는 발정기가 찾아오지 않는다. 암컷이 번식 행위를 이끌어가고 있는 것으로, 비단 고양이뿐만 아니라 동물의 세계에서는 전부 그러하다. 인간도 예외는 아니다.

 암컷 고양이가 발하는 페로몬은 꽤 먼 거리까지 날아가 수컷의 발정을 일으킨다. 발정한 수컷은 암컷을 찾기 위해 말 그대로 식음을 전폐하고 행동한다. 고양이를 풀어놓고 기르는 경우, 거세하지 않은 수컷이 2~3일 동안 집에 들어오지 않는 이유의 대부분은 발정기 때문이다. 암컷은 모여든 수컷들 중 이리저리 따져보고 교미할 상대를 마음대로 고르기만 하면 된다. 수컷은 암컷을 차지하기 위한 싸움을 해야 하지만 암컷은 그저 보다 강한 수컷, 즉 우수한 유전자의 소유자가 토너먼트에서 승리하는 것을 기다리기만 하면 된다. 그리고 보면 번식을 이끌어가는 암컷은 어쩐지 좀 냉정하기도 하다.

part
2

행동에 대한 질문

좁은 상자에 들어가 잠을 자는 고양이.
키우는 사람의 입장에서는 '왜 그런 행동을 할까?' 하고
이상하게 여겨질지도 모르지만, 그런 행동을 하는 데는
고양이 나름대로의 충분한 이유가 있다.
Part 2에서는 고양이의 행동에 관해 자주 받는
질문에 대해 살펴보도록 하자.

새끼 고양이는 언제부터 쥐를 잡을 수 있을까?

고양이는 움직이는 것을 잡고 싶어 하는 본능을 가지고 태어난다. 그러므로 태어난 후 눈이 보이면서부터 움직이는 것에 반응을 보이기 시작한다. 움직이는 것을 보고 가만있지 못하는 천성을 타고나지만 그렇다고 곧바로 쥐를 잡는 데 성공하는 것은 아니다. 연습과 훈련을 쌓는 과정을 거쳐야만 먹잇감을 잡는 것이 가능해진다.

새끼 고양이는 움직이는 것을 따라 다니는 '놀이'를 통해 쥐를 잡는 연습과 훈련을 하게 된다. 고양이는 움직이는 것을 보고 가만있지 못하는 자신의 천성을 따르고 있는 셈이지만 우리 눈에는 그 행동이 놀이로밖에는 보이지 않는다.

놀이란 원래 하고 싶은 것을 하며 즐거움을 얻을 때 비로소 성립되는 것이다. 동물은 모두 각자에게 필요한 행동을 하면서 즐겁다고 느끼며, 새끼 때부터 '놀이'라는 형식으로 그 행동을 반복하게 된다. 결과적으로 그것이 동물에게 필요한 행동에 대한 연습과 훈련이 된다.

하체에 힘이 생긴 새끼 고양이는 움직이는 것을 쫓아가거나 달려들기 시작한다. 그러는 가운데 체력이 붙게 되면, 이번에는 목표물에 달려들 타이밍을 습득한다. 여기서 더 성장하면 고양이의 놀이 방식은 점점 더 고도로 발전한다. 먹잇감을 숨어 기다리고, 눈치채지 못하도록 뒤를 쫓고, 적절한 타이밍에 목표물에 달려드는, 사냥을 위한 일련의 움직임이 놀이 과정을 통해 부드럽게 연결된다. 야생의 경우 이 단계에서 고양이는 실제로 사냥을 시작하게 되며, 실패를 거듭하면서 점점 더 완벽한 사냥 기술을 습득하게 된다. 생후 4~5개월경이면 사냥의 완성 단계에 도달한다고 볼 수 있다.

사람과 함께 사는 고양이 중 풀어놓고 키우는 고양이라면 밖에서 사냥 경험을 키워가는데, 처음에는 벌레 같은 작은 것부터 시작해서 차차 쥐나 작은 새를 잡을 수 있게 된다. 하지만 실내에서 생활하는 고양이의 경우, 실제로 사냥을 경험해볼 기회가 없기 때문에 실전의 전 단계에서 사냥 훈련은 그치게 된다. 이렇게 실내에서 성장한 고양이가 어느 날 갑자기 쥐와 마주치면 놀라서 어떻게 해야 할지 몰라 망설이기도 하며, 무

새끼 고양이의 사냥 놀이

고양이는 움직이는 것을 잡고 싶어 하는 본능을 가지고 태어난다.

잡고 싶어!

서로 달라붙어 놀거나, 쫓고 쫓기는 놀이를 통해 체력을 쌓고, 사냥 기술도 습득한다.

그러다가 실제의 사냥을 경험하기 시작한다.

실내에서 생활하는 탓으로 실전 경험이 불가능한 고양이도 있다.

서워서 도망쳐버리는 경우도 있을 정도다. 요즘에는 실제로 쥐를 한 번도 보지 못한 채 평생을 보내는 고양이가 늘어나고 있다. 이런 고양이들은 사냥과 유사한 놀이를 평생 계속할 뿐으로, 실제 쥐를 잡는 것은 불가능할지도 모른다.

동물의 '놀이'는 어른이 되기 위한 공부

뇌가 발달한 동물의 새끼는 놀이에 열중하며, 동물의 종류에 따라 놀이 방법도 다르다. 그 동물이 살아가는 데 필요한 움직임이 바로 '놀이'를 통해 길러지기 때문이다.

고양이가 움직이는 것을 쫓아다니며 노는 이유는 그것이 고양이의 생존과 직결된 사냥에 필요한 움직임이기 때문이다. 개는 사람과 함께 달리거나, 도망치는 것을 쫓아가는 놀이를 좋아한다. 왜냐하면 개의 사냥은 무리와 함께 목표물을 추격하는 방식으로 이루어지기 때문이다.

새끼 원숭이는 높은 곳에 올라가거나, 나무에서 나무로 건너뛰는 놀이를 한다. 만약 이런 능력이 부족하면 원숭이로서 살아가는 것이 불가능해지기 때문이다. 양의 새끼는 뒷다리로 서서 무언가를 머리로 들이받으면서 논다. 그 이유는 뿔을 이용한 박치기로 적의 공격을 막아내기 때문이다.

단순히 동물들은 본능적으로 자신이 하고 싶은 행동을 하고 있을 뿐이지만, 결과적으로 그러한 행동들은 장래를 대비한 연습과 훈련이 된다. 이러한 훈련은 어른으로서의 독립을 가능하게 해준다.

한편 성장을 마친 동물들은 놀이를 하지 않는다는 말도 있다. 사실 놀지 않는다기보다는 놀 여유가 없다는 말이 더 정확하다. 야생동물들은 먹잇감을 구하거나 위험에서 몸을 지키기 위해 놀이로 연습해온 행동 전부를 투자하며, 그것만으로도 하루가 끝나버리기 때문에 놀 시간이 거의 없다고 할 수 있다.

  이에 비해 먹을 것과 안전이 충분히 보장된 반려동물들은 심신 양면에 여유가 있다는 면에서 보면 평생 어린 시절과 유사한 환경에서 살아간다고 말할 수 있다. 그러므로 언제까지고 자신이 하고 싶은 행동이 '놀이'로서 표현된다. 사람과 함께 행복하게 살아가는 고양이나 개는 죽을 때까지 놀이를 계속한다. 실내에서 생활하는 고양이는 평생 실전의 사냥

🐾 동물의 놀이 방법은 살아가면서 필요한 움직임의 연습 과정이다

움직이는 것을 잡는 것은
고양이가 사냥할 때 필요한 행동이다.

뒤를 쫓아 달려가는 것은
개가 사냥할 때 필요한 행동이다.

나무타기에 미숙한 원숭이는
살아가기 힘들다.

양은 뿔을 부딪치며 노는 놀이를
좋아한다. 적으로부터 자신을
보호하는 방법이기 때문이다.

을 경험하지 못하고 죽게 되지만, 그렇다고 그들이 결코 불행한 것은 아니다. 사냥과 유사한 놀이에 불과하지만 고양이의 입장에서 보면 자신이 원하는 행동을 하고 있는 것이며, 도무지 하지 않고서는 견딜 수 없는 행동을 자유롭게 하고 있는 셈이다. 실제의 사냥인지 아닌지에 상관없이 고양이가 느끼는 만족감은 똑같다. 원하는 것을 하며 느끼는 즐거움은 동일하기 때문이다.

12

왜 그렇게 잠을 많이 잘까?

동물에게는 각자 정해진 수면 시간이 있다. 예를 들어 소나 말, 코끼리는 약 세 시간, 침팬지는 약 아홉 시간, 늑대는 약 13시간, 사자는 10~15시간, 그리고 고양이는 약 14시간의 수면을 취한다고 알려져 있다. 단, 이 경우는 야생의 생활을 하고 있는 고양이에 해당한다. 집고양이는 야생의 고양이보다 더 많은 잠을 잔다.

왜 동물들은 서로 수면 시간이 다른 것일까? 그 이유는 동물의 종에 따라 하루에 해야만 하는 일의 내용이 서로 다르기 때문이다. 해야만 하는 일에 더 많은 시간을 투자해야 하는 동물일수록 수면 시간이 짧아지고, 그 반대일수록 수면 시간이 길어진다. 동물은 모두 '해야 할 일이 없으면 잠을 잔다'는 생활방식대로 움직이기 때문에 쓸데없는 일에 몸을 움직이는 행동은 하지 않는다. 하루 24시간 중 여가 시간이 그대로 수면으로 이어지는 생활이 조상 대대로부터 이어져 내려오고 있는 셈이다.

생존을 위해 꼭 해야만 하는 행동의 가장 대표적인 것은 식사다. 몸집이 큰 초식동물은 대량의 풀과 나뭇잎을 먹어야 하기 때문에, 하루의 대부분을 식사에 소비한다. 그래서 긴 수면을 취할 시간이 없다. 반대로 육식동물은 사냥으로 먹이를 확보하면 빠른 시간 내에 먹어치우기 때문에 식사 시간이 그리 길지 않다. 즉, 초식동물에 비해 시간적으로 여유가 많아 수면 시간이 그만큼 길어진다. 몸집이 큰 초식동물의 수면 시간이 짧고 육식동물의 수면 시간이 긴 이유는 이 때문이다.

사람과 함께 생활하는 고양이는 스스로 먹이를 구할 필요가 없기에 야생의 고양이보다 더 많은 시간적 여유가 있다. '해야 할 일이 없으면 잠을 잔다'는 습성을 고양이 역시 가지고 있기 때문에, 더욱이 먹이를 제공받는 집고양이의 경우 수면 시간이 더 길어질 수밖에 없다. 집고양이는 하루 중 20시간 가까이 잠자면서 보내며, 나이 들수록 수면 시간은 더 길어진다. 고양이의 어원이 '네코寢子'(잠자는 아이_옮긴이)'에서 비롯되었다는 설이 있을 정도다(일본어로 고양이는 '네코猫'다_옮긴이). 고양이는 잠을 자기 위해 태어났고, 단지 죽지 않기 위해 가끔씩 일어나 밥을 먹는다고

🐾 동물에게는 각각 정해진 수면 시간이 있다

몸집이 큰 초식동물의 경우
하루 약 세 시간 정도 잠을 잔다.
풀을 먹는 데 바빠 잠잘 시간이 없다.

식사를 금방 끝내는 육식동물은
초식동물에 비해 시간이 남게 되고,
이것이 수면 시간으로 이어진다.

사냥하지 않는 집고양이는
더 많은 시간이 주어지고
하루에 20시간 가까이 잠을 잔다.

해도 결코 지나친 말이 아닐 것 같다. 참고로 인간의 수면 시간은 대략 여덟 시간으로, 인간과 가장 가까운 동물인 침팬지의 수면 시간과 거의 비슷하다. 여덟 시간이란 동물학적으로 인간이 취해야 하는 가장 적당한 수면 시간이라 할 수 있다.

고양이도 꿈을 꾼다

깊은 잠을 자고 있던 고양이가 갑자기 경련을 일으키듯 다리를 실룩대는 경우가 있다. 그럴 때면 눈꺼풀과 안구도 같은 식으로 움직이고, 입술을 움직여 쩝쩝거리는 소리를 낸다. 심할 때면 등을 부르르 떨기도 하는데, 이런 경우 고양이가 꿈을 꾸고 있을 가능성이 크다. 만약 '우~ 우~' 하면서 잠꼬대를 한다면 고양이는 확실히 꿈을 꾸고 있는 중이다.

수면은 렘수면과 비非렘수면의 두 가지로 나뉜다. 이를 간단히 구별해 보면 렘수면은 몸이 잠들어 있고 뇌는 깨어나 있는 경우고, 비렘수면은 뇌가 잠들어 있고 몸이 일어나 있는 경우다. 포유류는 수면 중 렘수면과 비렘수면을 몇 번이고 반복한다. 조류와 곤충류의 일부는 대체로 비렘수면이 진행되는 가운데 일시적으로 렘수면이 나타난다.

사람은 렘수면 때 닫힌 눈꺼풀 밑의 안구가 급속도로 움직이는데 대부분 이때 꿈을 꾼다. 렘수면의 '렘REM'이라는 단어는 Rapid Eye Movement의 머리글자를 딴 것이며, '비렘NREM'은 Non Rapid Eye Movement의 머리글자를 딴 것이다. 고양이나 개의 경우 렘수면 때 안구뿐만 아니라 다리나 입술도 급속도의 움직임을 보인다. 실험 결과 고양이도 인간과 마찬가지로 렘수면 때 꿈을 꾼다는 사실이 증명되었다. 자세를 유지하는 근육의 긴장이 풀리기 때문에 의도하지 않았음에도 다리나 입술이 실룩대며 움직이는 것이다. 잠들어 있는 상태이기 때문에 이때는 고양이를 만져도 좀처럼 잠에서 깨지 않는다.

고양이는 도대체 어떤 꿈을 꿀까? 이 문제는 여전히 수수께끼로 남아 있다.

🐾 수면 중의 고양이

렘수면 중의 고양이.
꿈을 꾸고 있는 경우가 많다.
잠꼬대를 하기도 한다.

인간도 렘수면 때 꿈을 꾼다.

가끔 잠이 덜 깬 채 마구
달려 나가는 고양이를 볼 수 있다.

고양이는 왜 얼굴을 핥아 깨끗하게 할까?

고양이는 대부분 식사를 마친 후 얼굴 청소를 한다. 우선 입 주변을 혀로 핥으면서 세수하기 시작한다.

'세수'라고 간단하게 표현하고는 있지만, 잘 관찰해보면 제일 처음에 고양이가 깨끗하게 하는 부분은 입 양쪽 끝에 있는 수염이다. 혀로 핥은 앞발로 수염을 문지르고는 다시 앞발을 핥아 수염을 문지르는 행동을 반복한다. 다음에는 반대쪽 앞발도 똑같은 요령으로 이용하며 반대쪽 수염도 깨끗하게 청소한다. 수염이 깨끗해지고 나면 얼굴 전체를 세수하기 시작한다. 이런 행동을 통해 음식을 먹은 후의 입 주변이나 수염과 얼굴에 묻은 음식 찌꺼기를 없앤다. 얼굴 전체를 직접 혀로 핥는 것이 불가능하기 때문에 혀로 핥은 앞발을 이용하고 있다.

본래 고양이는 살아 있는 먹이를 잡아먹고 사는 동물이다. 그러므로 먹이를 먹고 나면 입 주변뿐만 아니라 몸 전체가 더러워진다. 이를 그대로 방치하면 점점 더 몸이 더러워지기 때문에 음식을 먹은 후엔 입 주변과 얼굴을 깨끗하게 청소하는 습성이 생기게 된 것이다. 특히 수염을 깨끗하게 하는 데 더 공들이는 모습을 보면, 고양이에게 수염이란 대단히 중요한 감각기관이라는 생각이 든다.

같은 육식동물인 개 역시 음식을 먹은 후 얼굴과 몸이 더러워지는 것은 마찬가지지만, 고양이처럼 열심히 얼굴을 청소하지는 않는다. 고양이는 가만히 엎드려 먹잇감을 노려 사냥하는 동물이기 때문에 몸에 냄새가 남아 있는 것을 싫어한다. 실제로 털이 짧은 고양이의 경우, 목욕을 시키지 않아도 그다지 체취가 나지 않는다.

고양이에게 체취를 없애는 행동은 살아남기 위해 꼭 필요한 '지상 과제'와 같다. 그러므로 더러움을 제거하는 것뿐만 아니라 자신의 체취를 없애기 위해서도 더욱 열심히 자신의 얼굴을 깨끗하게 할 필요가 있는 것이다.

식사를 마친 후 고양이의 세수 순서

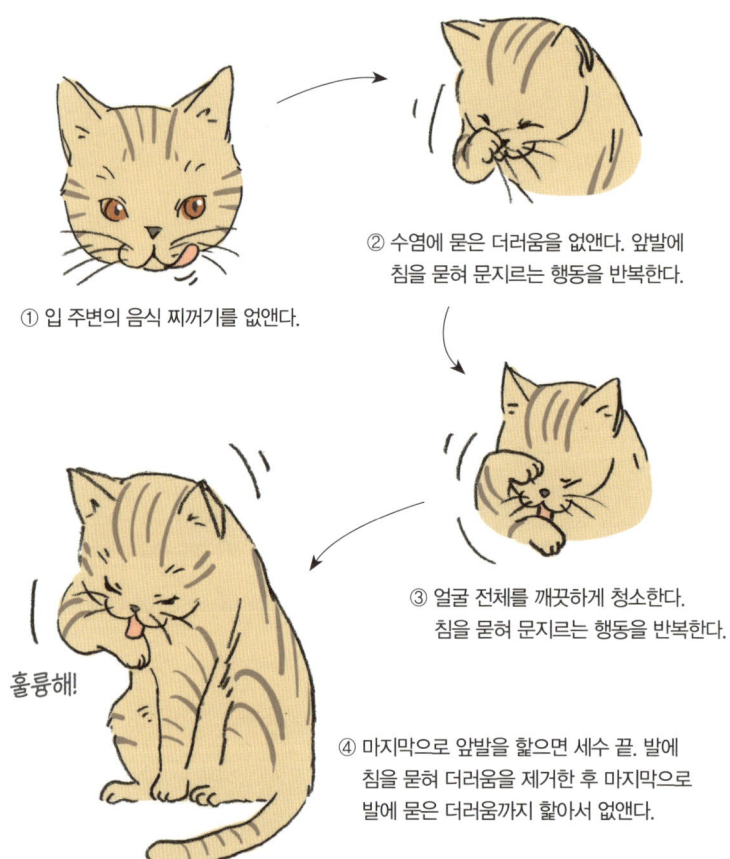

① 입 주변의 음식 찌꺼기를 없앤다.

② 수염에 묻은 더러움을 없앤다. 앞발에 침을 묻혀 문지르는 행동을 반복한다.

③ 얼굴 전체를 깨끗하게 청소한다. 침을 묻혀 문지르는 행동을 반복한다.

④ 마지막으로 앞발을 핥으면 세수 끝. 발에 침을 묻혀 더러움을 제거한 후 마지막으로 발에 묻은 더러움까지 핥아서 없앤다.

훌륭해!

털 고르기에는 긴장을 이완하는 효과도 있다

식사가 끝난 후 세수를 끝마친 고양이는 어딘가 편안한 곳으로 장소를 이동한다. 그리고 이번에는 몸 전체의 털 고르기를 시작한다. 등을 핥고, 배를 핥고, 다리를 핥고……. 고양이가 깨끗한 것을 좋아하는 동물이라고 불리는 까닭이기도 하지만, 이런 행동들 역시 자신의 체취를 없애려고 관리 차원에서 매일같이 치르는 일과다. 지치지도 않고 끈질기게 몸 전체를 핥고 나면 그 자리에서 바로 잠이 들고 만다. 그래서 고양이는 털 고르기가 끝난 후 바로 잠들 수 있는 편안한 장소로 이동한다.

몸을 핥는 털 고르기 행위에는 긴장 이완의 효과가 있다. 그래서 고양이는 몸을 핥는 도중 슬슬 잠이 오게 되고, 결국 졸음을 이기지 못하고 그대로 잠들게 된다.

핥는 행위를 통해 긴장 이완의 효과를 얻는 동물은 비단 고양이만은 아니다. 대부분의 포유류 동물이 핥는 행위를 통해 긴장을 이완시킨다. 스스로의 몸을 핥거나 부모 혹은 친구들이 몸을 핥아주는 것 모두 같은 식의 긴장 이완 효과를 발휘하며, 그런 면에서 핥거나 쓰다듬는 행위의 스킨십은 같은 식의 자극 효과를 신체에 전달한다.

포유류의 부모는 새끼를 키우며 자주 핥거나 쓰다듬어준다. 이런 스킨십은 편안함과 긴장 이완의 효과를 불러오기 때문에 심신 모두 건강하게 성장할 수 있도록 도와준다. 포유류의 새끼가 편안하고 안전하며 배부르다고 느낄 때 잠에 빠져드는 것처럼, 털 고르기를 한 후 고양이에게도 그와 같은 반사적인 행동이 일어나는 것이라고 할 수 있다.

스킨십으로 긴장이 풀리면 혈압과 맥박이 떨어지고 소화액과 성장호르몬의 분비가 촉진된다는 사실이 증명된 바 있다. 사람도 흥분했을 때 누군가 애정을 담아 꼭 안아주면 점차 흥분이 가라앉아 차분해지는 것도 스킨십에 의한 긴장 이완 효과다. 사람이 고양이를 쓰다듬으며 마음이 편해지는 이유는, 고양이를 만지는 행동이 자신을 위한 일종의 스킨십이 되기 때문이다. 고양이는 밥을 먹고 난 후나 용변을 마친 후에 행하는 털 고르기 행동을 통해 자신의 체취를 없애는 것과 동시에 커다란 심리적인 안정까지 찾고 있는 것이다. 이 역시 고양이의 수면 시간이 늘어나는 또 다른 이유 중 하나일지도 모른다.

고양이가 깜짝 놀라면 바로 등을 핥는 행동을 취하는데, 이 또한 털 고르기를 통한 긴장 이완 효과를 본능적으로 알고 있기 때문일 것이다. 몸을 핥고 털을 고르며 자신의 기분을 차분하게 만들고 있는 것이다.

🐾 털이 자란 방향

고양이의 몸에 난 털의 방향은 부위에 따라 서로 다르다.
털의 방향에 따라 고양이는 몸을 핥는다.

⊙ 가마
← 털의 흐름
• 털의 가장 높은 부분

털에 방향이 있는 이유는 털을 핥기 좋게 하기 위해서일까?
아니면 계속 그 방향으로 털을 핥기 때문일까?

밤에 고양이가
한 곳에 모여드는 이유는?

깊은 밤, 주차장이나 공터에 잔뜩 모인 고양이들이 아무것도 하지 않고 그저 앉아 있는 모습을 자주 볼 수 있다. 서로 조금씩 거리를 둔 위치에 진을 치고 있기 때문에 싸움을 하고 있는 것도 아니지만, 그렇다고 사이가 좋아 보이지도 않는다. 그저 그렇게 앉아 있을 뿐이다. 이것이 바로 고양이의 '야간 집합'이다. 삼삼오오 모여들기 시작해 일정한 시간이 지나고 나면 다시 삼삼오오 흩어진다. 도대체 고양이들은 무슨 목적으로 이렇게 모여드는 것일까? 예전부터 이런 고양이들의 모습을 보고 많은 사람들이 의아해했지만 아직 그 의문은 풀리지 않은 상태다.

하지만 유력한 설이 하나 있다. 바로 서로의 영역을 존중하는 고양이들 간의 회합이 아닐까 하는 것이다. 이와 같은 '야간 집합'은 고양이의 밀도가 높은 도시나 인구 밀집지에서 볼 수 있는 행동으로, 고양이의 밀도가 낮은 곳에서는 볼 수 없는 광경이다. 고양이의 밀도가 높다는 것을 다른 면에서 생각해보면, 서로의 영역에 겹치는 부분이 있다는 것을 의미한다. 그러므로 서로 다른 고양이들의 영역이 겹치는 공터 같은 공간에서 회합 성격을 가진 모임이 이루어지는 것은 아닐까 하는 가설이다.

이런 회합이 필요한 이유는 무엇일까? 아직 정확한 것은 밝혀지지 않았다. 고양이는 밤에 활동하는 동물이기 때문에 풀어놓고 키우는 고양이일 경우, 늦은 밤에 외출하고는 한다. 자신의 영역 안을 이곳저곳 돌아다니던 도중 공터에서 다른 고양이를 만나게 되면, 그냥 모른 척 지나치지 못하고 어쩐지 그곳에 있어야 한다고 생각하는지도 모를 일이다. 이것이 결과적으로 '회합'을 형성하게 되었고, 자신의 영역 안에 어떤 고양이들이 살고 있는지 알아가는 것을 통해 자기 영역을 다시금 파악하고 있는 것일지도 모른다.

어찌 되었건 아직까지 고양이들의 '야간 집합'은 여전히 수수께끼다. 수많은 의문을 남겨둔 채, 도시의 고양이들은 점점 더 인간에게 의지하

🐾 고양이의 야간 집합

늦은 밤, 고양이가 삼삼오오 모여들기 시작한다.

싸움은 물론, 특별한 행동 없이 그저 앉아서 시간을 보내다가 어느 순간 다시 삼삼오오 흩어진다. 영역이 중복되는 부분에서의 '회합'이라는 설도 있지만, 아직 확실하게 밝혀진 것은 없다.

는 집고양이의 형태로 그 성격이 바뀌어가고 있다. 그러므로 언젠가는 '야간 집합'을 볼 수 없게 되는 날이 올지도 모른다. 결국 수수께끼는 수수께끼인 채로 남겨질 모양이다.

고양이의 영역 넓이는 제각각 다르다

고양이는 자신만의 영역을 만드는 동물이다. 영역을 한마디로 설명하자면 식량과 안전을 확보할 수 있는 공간이다. 야생의 경우라면 먹잇감이 있어 사냥이 가능한 장소와 배변을 편안하게 해결할 수 있는 장소, 그리고 안전하게 잠잘 수 있는 장소를 포함한 공간이 자신의 영역에 들어간다. 하지만 집고양이의 경우 음식은 인간이 제공해주고 있으므로, 편안하게 낮잠을 잘 수 있는 공간과 배변을 해결할 수 있는 공간이 자신의 영역 안에 포함된다고 생각할 수 있다.

고양이에게 어느 정도 넓이의 영역이 필요한지에 대해서 단순하게 설명하기는 어렵다. 조건에 따라 서로 다르기 때문이다. 야생의 경우, 먹잇감이 부족한 곳이라면 넓은 범위의 영역이 필요하게 되지만, 반대로 먹잇감이 풍부한 장소라면 좁아도 문제없다. 집고양이의 경우 만약 쾌적한 낮잠 장소와 안전한 배변 장소 간의 거리가 가깝다면 넓은 지역을 자신의 영역으로 삼을 필요가 없게 된다.

실내에서 생활하는 집고양이의 경우에는 집 안에 충분한 식량과 쾌적한 낮잠 장소, 안전한 배변 장소가 존재한다. 그러므로 자신의 영역은 집의 넓이만으로도 충분하다. 행동 범위로만 따져보면 결코 넓다고는 볼 수 없지만, 고양이의 영역으로서 갖춰져야 할 조건은 모두 충족되어 있다고 하겠다. 고양이의 입장에서 보면 영역에 대한 불만은 없다고 생각해도 된다. '실내에서 생활하는 고양이는 다른 고양이들처럼 야간 집회에 나가지 못하는데 그래도 괜찮을까'라고 걱정하는 사람들도 있지만, 그런 면에서는 아무 문제도 없다. 실내에서 생활하는 고양이는 '야간 집회'라는 존재 자체를 모르고 생활하고 있으며, 자신의 영역이 전부 실내에 존재하므로 영역 순찰 중 삼삼오오 모이게 되는 '야간 집회'에 나갈 필요가 없기 때문이다.

고양이의 영역

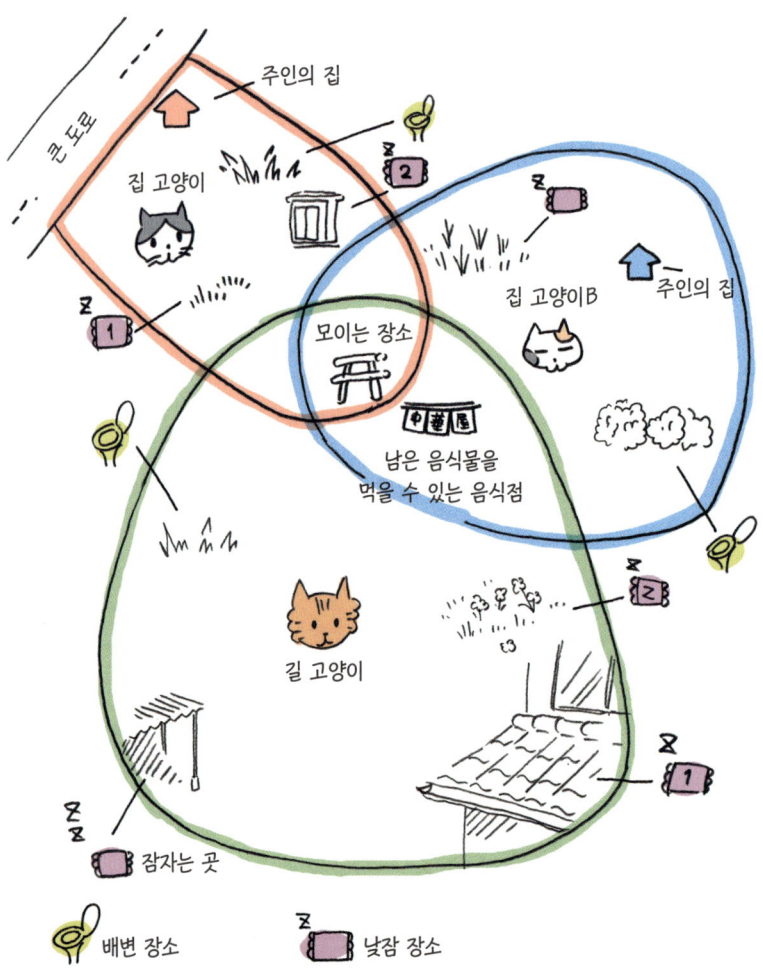

냄새를 맡고 난 후
고양이가 입을 반쯤 벌리는 이유는?

주인이 거실에 벗어놓은 양말의 냄새를 맡은 후 고양이가 입을 반쯤 벌리고 있을 때가 있다. 입을 약간 벌리고 윗입술을 내민 후 아래턱 쪽의 이를 드러낸 채 실눈을 뜬 고양이의 표정을 보고, 고약한 냄새에 놀라 얼굴이 굳어진 것은 아닐까 생각하는 사람들도 있지만 사실 그런 것은 아니다. 이는 사람이나 동물의 체취가 묻은 물건의 냄새를 맡은 후 자주 보이는 행동이며, 전문 용어로는 '플레멘Flehmen'이라고 한다.

고양이는 코뿐만 아니라 입으로도 냄새를 맡을 수 있으며, 이것이 플레멘 행동의 핵심이다. 고양이의 입천장(볼록볼록한 형태의 입속 윗부분) 쪽, 앞니가 붙어 있는 부근에 작은 구멍 두 개가 나 있어 야콥슨 기관 Jacobson's organ(양서류 이상의 척추동물에게서 볼 수 있는 후각기관. 사람은 태아의 초기에만 그 흔적이 나타난다_옮긴이)과 연결되어 있다. 야콥슨 기관으로 들어온 냄새 분자는 코로 들어온 냄새 분자와는 다른 경로를 통해 뇌로 전달된다. 그리고 입속의 야콥슨 기관에 냄새 분자가 들어갈 수 있도록 고양이는 입을 반쯤 벌리고 윗입술을 내밀고 있는 것이다.

플레멘 행동은 고양이 외에도 말이나 소, 양, 햄스터 등에서도 볼 수 있다. 말의 플레멘 행동은 동작이 크기 때문에 눈에 잘 띄며, 입술이 젖혀 올라가기 때문에 마치 웃고 있는 것처럼 보인다. 원래 이 플레멘은 이성의 엉덩이 부분에서 발산되는 페로몬을 감지하기 위한 성적 행동의 하나로 알려져 있지만, 사육하는 동물의 경우에는 다른 냄새에도 반응을 보인다. 고양이의 플레멘 행동은 다양한 냄새 자극으로 발생하지만, 음식물 냄새에 그런 반응을 보이지는 않는다. 특정한 냄새에 대한 반응이라는 것은 확실하지만 구체적인 내용은 밝혀지지 않았다. 인간도 태아의 초기 시절에는 야콥슨 기관의 흔적을 찾을 수 있다. 하지만 왜 그런 기관이 존재했는지에 대해서는 아직 밝혀지지 않았다.

고양이의 플레멘 행동

16

왜 좁은 상자 안에 들어가고 싶어 할까?

야생에서 생활하던 시절의 고양이는 나무의 빈 구멍이나 바위 틈새와 같은 장소에 들어가 수면을 취했다. 다소 좁은 곳이라 하더라도 몸이 부드러운 고양이는 그다지 불편함을 느끼지 않는다. 좁아서 불편하다는 생각보다는 좁기 때문에 느끼는 안도감이 더 컸을 것이다. 좁으면 좁을수록 자기보다 큰 동물이 들어올 수 없기 때문이다. 자신보다 큰 동물이란 고양이를 먹잇감으로 삼고 있는 동물이었을 것이다.

좁은 곳에 들어가고 싶어 하는 고양이의 습성은 사람에게 사육된 후까지도 그대로 남아 있다. 책장의 틈새 등 아무리 봐도 좁고 불편할 것 같은 곳에서 잠을 자기도 한다. 또 어딘가 움막 같은 장소가 있다면 들어가 보지 않고는 못 배기는 것 같다. 그 장소가 쾌적하고 마음에 든다면 반드시 거기서 낮잠을 자기 시작한다. 마루에 종이봉투 같은 것이 떨어져 있으면 꼭 이와 같은 행동을 보인다. 야생 생활을 하던 때 역시 마찬가지였다. 괜찮아 보이는 틈새나 움막을 발견하면 무조건 들어가보고, 그곳이 마음에 들면 이후부터 낮잠 장소로 추가하기도 했다.

고양이에게는 이와 같은 습성과 더불어 했던 일을 반복하는 습성 또한 있다. 어제 시도해본 후 안전하다고 판단된 방법을 오늘도 똑같이 시도하는 쪽이 위험성이 덜하기 때문이다. 이런 의미에서 고양이는 철저한 '안전주의'를 실천하고 있다. 그러므로 한번 낮잠을 잤던 장소는 그다음 날에도 찾아가 낮잠을 잔다. 새끼 고양이 시절에 자신이 낮잠 장소라고 작은 바구니를 선택했다면, 내일도 또 그다음 날도 그 속에서 잠을 잔다. 어느 순간 자신의 몸이 커져서 바구니에 쉽게 들어가지 못하게 되어도 고양이는 그것을 눈치채지 못하는 듯하다. 결국 말도 안 되는 불편한 자세로 낮잠을 자고는 하니 말이다. 보고 있는 사람으로서는 그저 웃음밖에 나오지 않는 풍경이기도 하다.

고양이가 좁은 곳에 들어가고 싶어 하는 이유

자신의 몸을 사람에게 비벼대는 이유는?

고양이가 몸을 비벼대는 것은 영역 표시와 관련이 있다. 앞에서 설명한 것처럼 고양이의 영역이란 식량과 안전을 확보할 수 있는 공간이며, 그와 동시에 안심하고 있을 수 있는 장소이기도 하다. 자기가 다니는 길이나 지형을 잘 알고 있으며, 자유로운 행동이 가능한 곳에서 고양이는 안도감을 느끼며 그곳을 자신의 영역이라 인식한다.

그렇다고 고양이가 영역 내의 공간이라면 어디든 상관없이 안도감을 느끼는 것은 아니다. 가장 안도감을 느끼는 장소는 자신이 보금자리로 삼고 있는 곳이며, 이 보금자리가 바로 영역권의 중심부다. 중심부에서 거리가 떨어진 영역의 주변부로 갈수록 안도감은 낮아지며, 영역권 밖에서는 심한 불안을 느낀다. 그러므로 고양이는 대단한 긴급사태가 벌어지지 않는 이상 자신의 영역 밖으로 나갈 생각을 하지 않는다.

고양이는 자신이 안심할 수 있는 장소 주변에 자신의 냄새를 묻힌다. 바로 몸을 비벼대는 행동을 통해서다. 그런 행동을 통해 주변에 밴 자신의 냄새를 맡게 되면 고양이는 더욱 안심하게 된다. 그렇게 자신의 냄새를 맡고 안심이 된 고양이는 그 장소에서 다시 몸을 비벼대는 행동을 반복한다.

고양이는 뺨과 턱 밑, 목 뒷부분에 냄새를 발산하는 선이 있어 그곳을 사물에 비벼대며 자신의 냄새를 묻혀놓는다. 그리고 기본적으로 이러한 신체 부분에서 특히 더 가려움을 느낀다. 위험을 느끼거나 긴장한 상태에서는 가려움을 잊기도 하지만, 긴장이 이완되고 편안해지면 특정 부위의 가려움을 상기하게 되므로 긁고 싶어 몸을 비벼대는 것이라 추정할 수 있다. 가려움을 해소하기 위해 비벼대는 행동이 결과적으로는 자신의 냄새를 묻혀놓는 식이 된다. 자신의 영역 중심부에 가까운 곳일수록 더 큰 안도감을 느끼기 때문에 더 많이 몸을 비벼대고, 그 결과 자신의 냄새

˚⋄ 고양이가 몸을 비벼대는 이유

고양이의 머리 부분에는 냄새를 발산하는 선이 있어 항상 가려움을 느낀다.

긴장이 풀리고 편안해지면 늘 고양이는 어딘가에 몸을 비벼대고자 한다. 이럴 때 긁어주면 편안해하고 좋아한다.

쓱쓱

기분 좋아~ 좀 더, 좀 더!

긁적긁적

가 가득한 영역의 중심부는 더더욱 자신에게 편안한 장소가 된다.

집고양이 역시 마음이 편안할 때 몸을 비벼대는 행동을 하며, 자기 주변에 있는 것이라면 무엇이라도 상관없다. 장롱 모서리, 의자 다리, 쓰레기통 모서리 같은 사물은 물론, 사람의 몸에도 같은 행동을 보인다. 사람의 몸에 자신의 몸을 비벼대는 것을 보다 보면, 어떤 면에서는 고양이가 사람을 자신의 가려운 곳을 긁어주는 '효자손'으로 여기고 있는 것은 아닌가 생각이 든다. 하지만 이는 고양이가 안도감을 느끼고 편안해하고 있다는 심리의 증거다. 마음 좋게 '효자손'이 되어 고양이를 부드럽게 긁어주어도 좋을 것 같다.

영역 밖에 나가면 얌전해지는 고양이

예로부터 전해 내려온 말 중 "빌려온 고양이처럼 얌전하다"는 표현이 있는데, 고양이의 '영역관'을 잘 표현한 말이라고 생각한다.

고양이는 자신의 영역 안에서는 편안하고 자유롭게 행동하지만, 영역 밖에 나가면 커다란 불안과 공포를 느낀다. 그 결과 심적으로 위축되어 얌전해진다. 동물 병원의 진찰대 위에 올려놓은 고양이가 딱딱하게 굳어 버리는 이유는 주사 맞는 것이 무서워서가 아니라 자기가 잘 모르는 장소에 끌려왔다고 하는 공포심 때문이다.

이런 상황에서 고양이를 만지려고 하면 두 가지 상황이 연출된다. 더욱더 굳어져 꼼짝하지 않고 웅크려 있는 경우와, 반대로 공격적인 성향을 보이는 경우가 그것이다. 겁이 많은 고양이일수록 몸을 딱딱하게 웅크리고 있으며, 기질이 강한 고양이는 결사의 각오로 공격을 하기 시작한다. 공격이란 불안과 공포 때문에 생겨나는 행동이므로, 우리 인간과 마찬가지다.

🐾 영역 밖으로 나갔을 때 고양이의 심리

병원에 간 고양이가 굳는 이유는 주사 맞기가 두려워서가 아니다. 영역 밖에 나온 것 자체에 공포를 느끼기 때문이다.

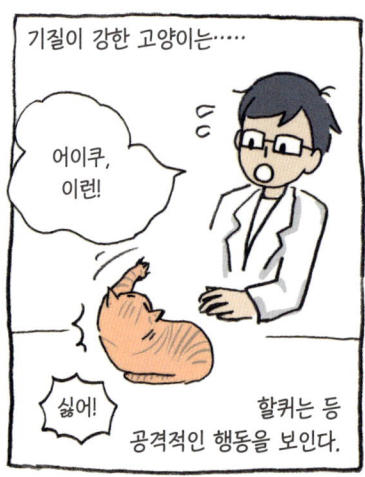

또한 모르는 장소에서 불안을 느끼고 있는 고양이는 어딘가 조금이라도 안심할 수 있는 장소로 달아나 숨고 싶어 한다. 그래서 고양이를 데리고 외출했을 때 고양이가 도망치는 사건이 빈번하게 발생하는 것이다. 고양이는 개와 달라서 주인이 옆에 있다고 무조건 안도감을 느끼는 동물은 아니다. 자신의 영역 밖으로 나가면 주인이 있든 말든 상관없이 일단 도망치고 보려는 습성이 있다. 고양이를 잃어버리는 원인 중 대부분이 영역 밖에 데리고 나갔을 때 발생하는 것도 이 때문이다.

참고로 이럴 경우에 고양이는 그리 멀리까지 도망가지 않는다. 가장 가까운 곳에 있는 은닉처에 몸을 숨기고는 가만히 있는다. 불안해서 어쩔 줄 모르는 상황이라 그곳에서 밖으로 나가는 것조차 두려워하기 때문이다. 고양이 탈주 사건이 벌어지면, 근처에 반드시 있다고 생각하고 찾아보기 바란다. 몇 날 며칠이고 한곳에서 움직이지 않고 가만히 있는 경우가 대부분이다.

욕조나 화장실에
함께 들어가고 싶어 하는 이유는?

예전에는 욕실이나 화장실에 함께 들어가고 싶어 하는 고양이가 별로 없었지만, 최근에는 그 수가 많이 늘어났다. 주인과 고양이 사이에 존재하는 유대 관계의 형태가 바뀌었기 때문이다. 주인을 형제와 같은 동료로 인식해서 무언가를 하고 싶어 하기 때문이다.

고양이는 원래 단독 생활을 하는 동물이지만, 새끼 시절에는 부모나 형제와 함께 집단생활을 한다. 그 후 독립해서 혼자만의 생활을 시작하지만, 성장한 새끼 고양이가 스스로 부모의 곁을 떠나는 일은 절대 없다. 어미 고양이가 새끼 고양이들을 공격해서 쫓아내며, 사람의 입장에서 보면 부모 자식 간의 '생이별'과 같은 형태로 고양이들은 독립생활을 시작한다. 새끼 고양이들은 가능하다면 언제까지나 부모에게 의지하며 살아가고 싶어 하지만, 어미 고양이의 공격을 견딜 수 없어 할 수 없이 눈물을 머금고 부모의 곁을 떠나간다. 불쌍하다고 생각할 수도 있지만, 새끼 고양이들이 언제까지고 부모 곁에 있다가는 결국 어미 고양이의 영역에 있는 먹잇감이 고갈되면서 모두에게 불행한 결과를 빚게 된다. 이러한 '생이별'은 장기적으로 봤을 때, 야생의 세계에서 살아남기 위한 하나의 방편인 셈이다.

집고양이의 경우에는 주인이 평생토록 어미 고양이의 역할을 수행하며 먹을 것을 제공한다. 어미가 새끼에게 하듯 귀여워해주며, 때가 되었다고 결코 쫓아내는 법도 없다. 그러므로 집고양이는 언제까지고 자신을 새끼 고양이라고 생각한다. 새끼 고양이처럼 주인에게 의지하고, 어릴 때와 마찬가지로 형제들과 함께 놀고 싶어 한다.

집고양이 중 풀어놓고 키우는 고양이의 경우에는 밖에 나갔을 때만큼은 야생의 고양이처럼 행동한다. 그렇게 하지 않으면 집 밖의 세계에서 일어나는 일에 대처할 수 없기 때문이다. 그에 비해 실내에서 생활하는 고양이는 24시간 늘 새끼 고양이처럼 행동한다. 배고플 때는 주인을 어미 고양이라고 생각하고 밥을 달라고 조르며, 배부르면 주인을 형제 고양이라고 생각하고 함께 무언가를 하려고 생각한다. 새끼 고양이의 놀이를 살펴보면, 먼저 솔선수범해 놀이를 이끄는 고양이를 찾아볼 수 있다. 그렇게 먼저 놀이를 시작하기만 하면 나머지 고양이들도 모두 똑같이 따

✿ 실내에서 생활하는 고양이의 기분

고양이는 주인을 형제라고 생각하고 있다.
그래서 형제가 하는 일에 자신도 참가하고 싶다고 생각한다.

라 하는 경향을 보인다. 주인이 목욕하거나 볼일을 보러 욕실에 들어가면 고양이는 그것을 하나의 솔선수범이라 여기고 같은 행동을 하고 싶어한다. 특히 실내에서 생활하는 고양이일수록 이러한 경향이 강하게 드러난다.

서랍을 열고 물건을 찾을 때도 같은 현상이 일어난다. '뭐해요? 나도 좀 끼워줘요'라며 주인 옆에 다가와 관심 있게 쳐다본다. 실내에서 생활하는 고양이가 늘어난 지금, 고양이는 주인을 같은 형제로 여기고 있으며 강한 동료 의식을 느낀다. 이러한 고양이의 특징을 잘 이해하면 고양이와의 생활을 더 즐겁게 보낼 수 있다.

집고양이는 새끼 고양이 특유의 행동을 한다

집고양이는 죽을 때까지 자신을 새끼 고양이라고 생각한다. 그 때문에 집고양이는 어릴 때처럼 어미나 형제들을 원하고 찾게 된다. 이것이 바로 단독 생활을 하는 고양이가 사람을 따를 수 있게 된 가장 큰 이유다.

나쁘게 말하면 집고양이는 어른이 되지 못한다고도 할 수 있다. 하지만 집고양이는 자신을 돌봐주는 사람과 평생을 함께 생활하므로 아무런 문제는 없다. 자립할 필요가 없으며, 섣불리 자립하게 되면 자칫 길고양이가 되어버리고 만다. 인간 역시 언제까지나 부모의 보살핌을 받고 자란 아이는 제대로 된 어른이 되지 못한다.

이렇듯 '어른이 되지 않은 고양이'들은 어른이 되어서도 새끼 고양이 특유의 행동을 자주 보인다. 사람에게 애교를 부릴 때 꼬리를 빳빳하게 위를 향해 세우고 다가오는 것도 그중 하나다. 이 행동은 원래 새끼 고양이가 어미에게 보살핌을 받고 싶어 다가올 때 하는 행동이다. 어미 고양이는 다가온 새끼 고양이의 몸을 핥아주고는 하는데, 그때 꼬리가 세워져 있으면 엉덩이 쪽을 핥아주는 것이 더 쉬워지기 때문이다. 새끼의 엉덩이를 핥아주어 배뇨와 배변을 원활하게 해주는 일은 어미 고양이의 중요한 역할 중 하나다.

보다 더 전형적인 고양이의 '유아 행동'은 사람의 몸이나 담요 등을 자신의 앞발로 꾹꾹 누르는 행동이다. 새끼 고양이는 어미젖을 먹을 때 어미의 배를 교대로 꾹꾹 누르는 행동을 하는데, 이런 행동을 하면 젖이 더 잘 나온다는 사실을 본능적으로 알고 있기 때문이다. 앞발로 꾹꾹 누르는 행동을 하고 있는 새끼 고양이에게서는 따뜻한 젖을 배불리 먹지 못할 수도 있다는 불안감 따위는 전혀 찾을 수 없다. 오히려 새끼 시절 최고의 편안함을 느낀다. 어른이 되어서도 그때와 같은 편안함을 느낄 때

🐾 집고양이에게 남아 있는 새끼 고양이의 행동

집고양이는 다 커서도 새끼 때의 행동이 계속 남아 있다.

보살핌을 받고 싶다고 느낄 때는 꼬리를 세우고 어미에게 접근한다.

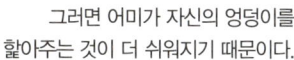

그러면 어미가 자신의 엉덩이를 핥아주는 것이 더 쉬워지기 때문이다.

젖을 빨고 있을 때와 같은 편안함을 느끼면 앞발로 꾹꾹 누르는 행동을 한다.

앞발로 꾹꾹 누르는 행동을 하게 된다. 주인에게 안겨 행복할 때나 부드러운 담요의 감촉 때문에 어미 고양이의 배를 기억하게 되었을 때가 바로 그런 때다.

극단적인 경우에는 담요를 누르는 것과 동시에 젖을 빠는 행동을 보이는 고양이도 있다. 어떤 고양이는 주인의 귓불을 빠는 경우도 있다.

더욱이 사람이 몸이나 얼굴에 자신의 이마를 붙이는 행동도 새끼 고양이 특유의 행동이 남아 있는 것이라 할 수 있다. 새끼 고양이는 젖을 빨 때 자신의 이마가 어미의 몸에 밀착되며, 젖을 다 먹고 나면 그 상태 그대로 잠들게 된다. 이마에 무언가가 밀착되어 있는 상황 역시 새끼가 편안함을 느끼기 위한 조건이 되는 것이다. 그래서 집고양이는 주인에게 이마를 밀착시킨 채 잠들기를 좋아하다. 일생 어리광을 피우는 아이의 기분, 이것이 집고양이가 가진 심리의 가장 기본이라 할 수 있다.

19

죽을 때 몸을 숨긴다는 사실이 정말일까?

동물은 몸 상태가 좋지 않으면 어딘가 편안하게 쉴 수 있는 곳에 머물고 싶어 한다. 조용하면서도 약간 어두우며 누구에게도 방해받지 않는 곳으로, 고양이의 경우 헛간 구석이나 나무 그늘 아래를 선호한다.

며칠 그곳에서 쉬며 기운을 차리면 다시 밖으로 나와 평소와 다름없는 생활을 하지만, 몸이 좋아지지 않은 채 그곳에서 죽어버리는 경우도 있다. 예전의 고양이들은 모두 풀어놓고 키웠기 때문에, 이럴 경우 주인은 '고양이가 어딘가로 가버렸다'고 생각하게 되고, 그 상태 그대로 세월이 흘러가게 된다. 그러던 중 헛간 청소를 하거나 집을 새로 지으면서 고양이의 사체가 발견되기도 한다. 그러면 당연히 사람들은 죽기 위해 고양이가 그 장소를 찾아갔다고 생각하기 마련이다. 이것이 "고양이는 어딘가 죽을 장소를 찾아간다", "죽을 때가 가까워오면 고양이는 모습을 감춘다"는 말이 등장하게 된 유래다.

개 역시 몸 상태가 나쁠 때는 같은 식으로 어딘가 조용한 곳에서 쉬고 싶어 한다. 하지만 대부분 개를 묶어서 키우기 때문에 그것이 불가능하다. 실내에서 키우는 고양이의 경우도 그와 마찬가지다. 몸이 좋지 않을 때는 집 내부 통로의 구석진 곳 등 사람이 잘 드나들지 않는 곳에 몸을 웅크리고 있다.

하지만 이와 같은 행동을 하는 것은 야생성이 강한 고양이뿐이다. 최

🐾 "고양이는 죽을 때가 가까워오면 몸을 숨긴다"는 말의 유래

예전의 고양이는 몸 상태가 나쁘면
어딘가 조용한 곳에서 휴식을 취하고 싶어 했다.

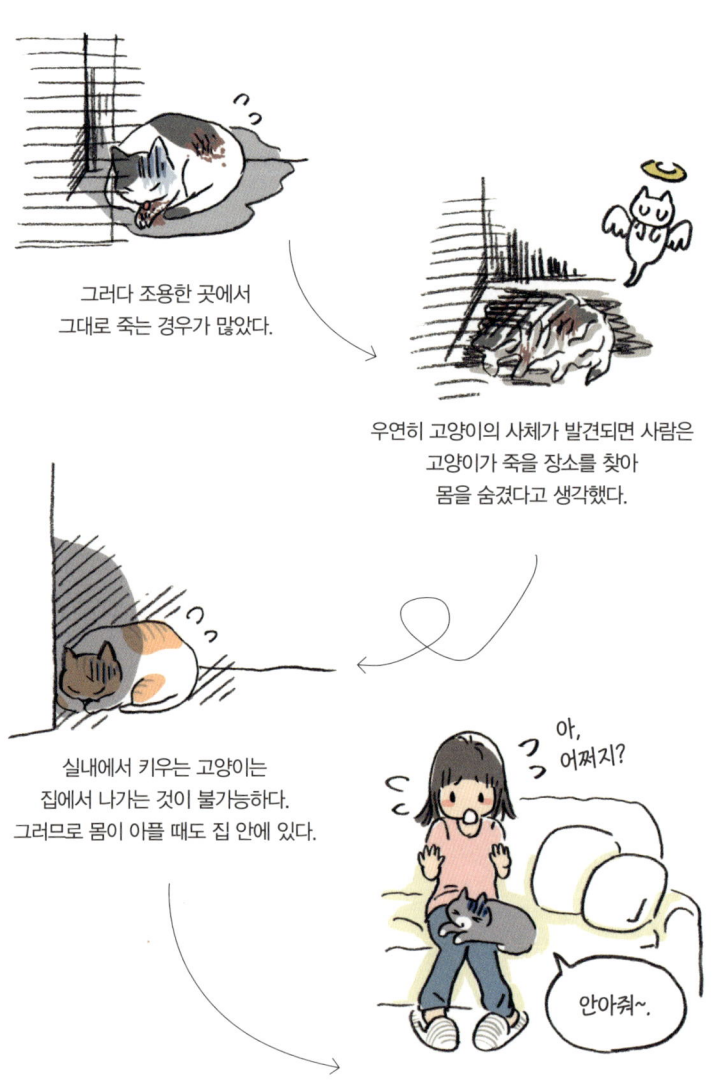

그러다 조용한 곳에서
그대로 죽는 경우가 많았다.

우연히 고양이의 사체가 발견되면 사람은
고양이가 죽을 장소를 찾아
몸을 숨겼다고 생각했다.

실내에서 키우는 고양이는
집에서 나가는 것이 불가능하다.
그러므로 몸이 아플 때도 집 안에 있다.

아, 어쩌지?

안아줘~.

만지는 것을 거부하는 고양이도 있지만
거꾸로 사람 곁에 있고 싶어 하는 경우도 있다.

근의 고양이들은 인간에게 길들여져서 몸 상태가 나쁠 때도 예전과는 반대로 주인에게 붙어 있으려는 경향을 보인다. 이런 고양이에게는 몸이 회복하는 데 주인의 스킨십이 커다란 효과를 발휘한다. 그러나 야성이 강한 고양이의 경우, 평소에는 주인에게 친근하게 굴다가도 몸 상태가 나쁠 때는 사람이 자신의 몸을 만지는 것을 거부한다. 몸 상태가 나빠지면서 숨겨져 있던 야성이 드러나는 것으로 볼 수 있다. 이럴 때 무심코 창을 열어두고 있으면 야성이 강한 고양이는 자신의 몸을 회복시킬 수 있는 장소를 찾아 밖으로 나갈 가능성도 있다.

20

밤중에 시끄럽게 구는 것은 왜일까?

동물은 야행성 동물과 주행성 동물로 나뉜다. 고양이는 야행성 동물이지만, 그렇다고 밤새도록 깨어 있는 것은 아니다. 밤에는 일어나 있는 사이 중간 중간 잠을 자고, 낮에는 잠을 자는 사이 중간 중간 일어나 있다는 것이 고양이의 생활을 가장 잘 설명한 말이라고 할 수 있다.

풀어놓고 키우는 고양이의 경우, 밤이 깊어지면 외출한다. 누군가 스위치를 누른 것처럼, 뭔가 해야 할 것 같은 기분이 들어 가만있지 못하기 때문이다. 야생의 경우, 이렇듯 '행동 스위치'가 켜지면 고양이에게는 사냥할 에너지가 분출된다. 심야에 몇 번이나 들어왔다 나가는 '행동 스위치'라는 체내시계를 고양이는 선조 대대로 물려받아온 것이다.

새끼 고양이를 키우다 보면, 한밤중에 요란스럽게 뛰어다니는 고양이 때문에 주인은 수면 부족이 되기도 한다. 이런 행동을 보이는 것 역시 선조 대대의 '행동 스위치'가 제대로 발현되기 때문이다. 쫓아가기 놀이, 싸움 놀이 등 새끼 고양이가 보이는 움직임의 정도는 낮과는 비교할 수 없는 정도로 활기차다. 이야말로 '심야의 대운동회'라 할 수 있을 정도다. 풀어놓고 키우는 고양이의 경우, 이러한 활기를 이기지 못하기 때문에 늦은 밤 밖으로 놀러 나가고는 한다.

실내에서 키우는 경우에도 깊은 밤 갑자기 이상한 기합 소리를 내며 맹렬하게 뛰어다니고는 한다. 하지만 성장과 함께 조금씩 야밤의 '행동 스위치'가 켜지는 횟수가 줄어든다. 주인이 잠드는 시간에 함께 잠들기

🐾 고양이의 체내시계

고양이가 가지고 있던 원래의 체내시계

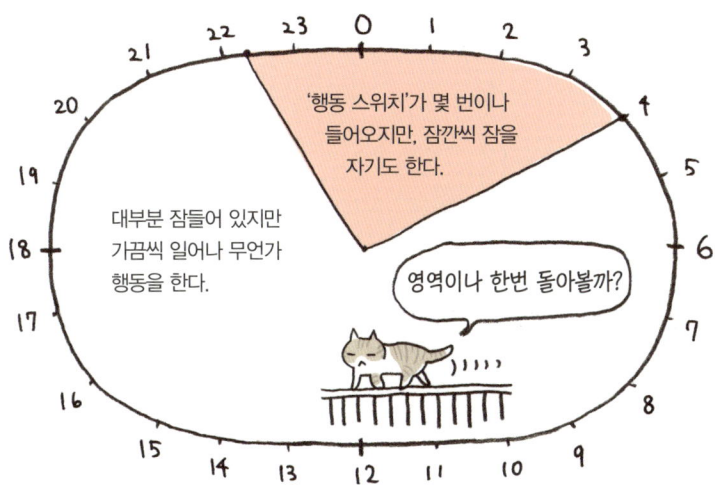

실내에서 생활하는 고양이의 체내시계

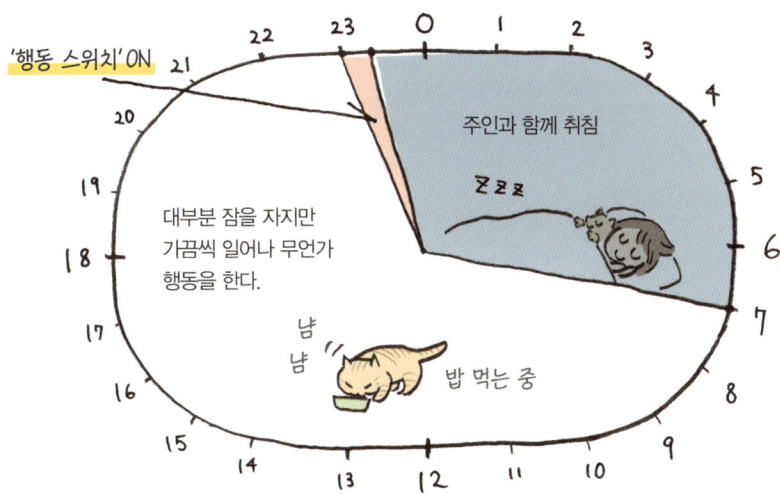

시작해서 아침까지 계속 잠자게 된다. 낮 시간에 충분히 자면서도 주인과 함께 같은 시간 또 잠을 자고는 하는데, 낮 시간에 사람이 집에 있는 경우에는 특히 더 그러하다. 비단 연령의 문제뿐만 아니라 고양이의 문화 자체가 바뀌었다고 할 수 있는 것으로, 사람의 생활에 맞춰 고양이의 생활도 변화되었다고 할 수 있다. 선조 대대로부터 내려온 체내시계가 생활 방식의 변화와 함께 바뀌어나간 것이다. 고양이는 우리가 생각하는 것보다 더 고등한 동물일지도 모른다.

배변을 보기 전후 맹렬하게 뛰어다니는 고양이

실내에서 키우는 고양이의 배변 시간을 관찰하다 보면 이상한 점을 발견하게 된다. 배변하기 전후에 '심야의 운동회' 수준으로 뛰어다니는 점이 바로 그것이다. 갑자기 달리기 시작한 고양이를 보고 '갑자기 왜 그럴까?' 생각하고 있으면, 고양이는 자신의 배변 장소로 뛰어가서 똥이나 오줌을 눈다. 그리고 배변 처리가 끝난 후 또다시 맹렬히 뛰기 시작한다. 배변 장소에서 뛰어나오는 고양이의 뒷다리에 배변 시트가 밀릴 정도다. 이 또한 이해할 수 없는 고양이의 행동 중 하나다.

이런 행동을 하는 이유는 무엇일까? 아마도 예전에는 고양이가 배변하기 위해서는 꽤 많은 에너지가 필요했기 때문일 것이다. 야생의 경우에는 보금자리에서 나와 배변 장소까지 이동해야 했기 때문에 그 사이에는 그만큼의 위험이 도사리고 있었다. 똥이나 오줌을 누고 있는 사이에는 그야말로 무방비 상태에 놓인다. 더군다나 자신의 보금자리로 돌아갈 때 역시 위험과 만날 가능성이 있다. 그러므로 배변 욕구를 느낀 고양이는 상당한 동기 부여와 결심을 한 후 보금자리에서 떠나 일을 마치고 돌아와야 했다. 즉, 고양이에게 배변 행위와 '행동 스위치'는 함께 결합되어 있는 것이라 할 수 있다.

　풀어놓고 키우는 고양이는 늘 어느 정도 결심하고 긴장을 늦추지 않은 채 배변 장소로 이동해야 한다. 그렇지 않으면 깊은 밤 배변을 위해 외출할 수는 없을 것이다. 반면 실내에서 키우는 고양이의 경우, 배변 장소가 안전한 집 안에 위치해 있기 때문에 위험을 감수하면서까지 에너지를 투자해 배변 행위를 할 필요가 없어졌다. 하지만 배변 행위와 '행동 스위치'는 여전히 결합되어 있기 때문에, 어떤 식으로든 에너지를 발산하고 싶어서 배변 전후에 그런 행동을 보인다고 추측해볼 수 있다.

　생활의 변화와 함께 변화되어가는 것도 있는 반면, 아무리 환경이 변해도 바뀌지 않는 것도 존재하는 모양이다.

part
3

심리에 대한 질문

고양이가 어떤 생각을 하고 있는지 궁금해하는 사람이 많을 것이다.
고양이의 행동에는 이해되지 않는 점이 가득하지만
이는 인간의 시점에서 보고 있기 때문이다.
고양이의 시점으로 본다면 납득이 갈 만한 행동들이다.
그렇다면 이제 고양이의 행동을 이해하기 위해
고양이의 심리에 대해 알아보기로 하자.

고양이는 사람을 어떻게 생각할까?

개는 무리 생활을 하는 동물이며, 고양이는 단독 생활을 하는 동물이다. 무리 생활이란 리더를 기준으로 질서가 잡힌 사회를 만들어 생활하는 것을 말하며, 단독 생활이란 혼자서 모든 것을 결정하고 행동하는 생활을 일컫는 말이다.

무리 생활을 하는 동물은 태어나면서부터 '서열이 높은 동물에게 따르는 본능'이나 '사회 속에서 참고 견디는 본능', '동료들과 협력하여 무언가를 함께 하고자 하는 본능'을 가지고 있다. 한마디로 말해 협동성을 가지고 있지만, 단독 생활을 하는 동물에게는 이와 같은 협동 과정이 필요 없기 때문에 선조 대대로부터 그러한 본능이 없다. 무리 생활을 하는 개가 주인의 명령을 그대로 수행하며 평생 주인과 함께 생활하고 싶어 하는 동물인 데 비해, 단독 생활을 하는 고양이가 자기 마음대로 행동한다고 여겨지는 것은 그 때문이다. 하지만 서로 각각의 생활 방식을 가진 다른 동물이므로 어쩔 수 없는 부분이기도 하다. 인간 역시 개와 마찬가지로 무리 생활의 본성을 가지고 있기 때문에, 단독 생활을 하는 고양이에게 때때로 위화감을 느끼게 되기도 한다.

고양이가 사람에게 안겨 있을 때는 새끼 고양이 때의 기분이 되살아났을 때다. 앞에서 설명했듯, 실내에서 생활하는 고양이는 평생 새끼 고양이의 심리 상태 그대로 생활한다. 배가 고플 때 어미에게 응석 부리는 기분, 놀고 싶을 때 형제들을 찾는 기분 등 고양이가 자신을 키우는 주인에게 바라는 것은 딱 그 정도다. 아이가 자기 마음대로 행동하는 것과 똑같다고 할 수 있다.

아이를 키우고 보살피면서 '내가 사랑해주는 만큼 과연 이 아이도 나를 사랑해줄까'라는 생각을 하지는 않는다. 아이는 대가 없는 사랑을 쏟아야 하는 존재라고 누구나 생각하고 있기 때문이다. 내가 키우는 고양이 역시 아이와 마찬가지다. 내가 고양이를 사랑하는 만큼 고양이는 나를 사랑해주지 않을지도 모른다. 고양이는 끊임없이 자기 마음대로 행동하고, 사람은 끊임없이 대가 없는 사랑을 쏟을 뿐이다.

개와 고양이의 차이

왜 고양이는
개처럼 교육시킬 수 없을까?

고양이도 개와 마찬가지로 여러 가지 것들을 습득할 수 있다. 단지 그 둘이 습득하는 내용이 다를 뿐이다. 개는 주인의 명령인 '기다려'나 '이리 와'와 같은 말들을 알아듣는다. 또 신문을 가져오는 것같이 특정의 행동들도 습득할 수 있다. 하지만 고양이는 그런 것들을 습득할 수 없다. 단독 생활을 하는 동물인 까닭에 리더에 복종한다는 발상 자체가 없기 때문이다.

개는 자신의 리더인 주인이 기뻐하는 일들을 하고 싶어 하는 동물이다. 만약 신문을 물고 갔을 때 주인이 칭찬해준다면 '다음에도 신문을 물고 가서 주인을 기쁘게 해주자'고 생각한다. 마찬가지로 나쁜 일을 하고 혼나면 '다음에는 혼날 일을 하지 말자'고 생각한다. 이렇듯 혼내고 칭찬하는 일을 능숙하게 하는 것이 개를 교육시킬 때의 기본이며, 사람은 이렇게 자신의 명령을 따르는 개를 보고 '기억력이 좋다'고 판단한다.

그러나 고양이는 '이리 와', '기다려', '손'과 같은 사람의 명령을 따르지 않는 것이 보통이다. 신문을 물고 오는 일 같은 것은 죽어도 하지 않는 동물이다. 고양이는 사람들에게 '기억력이 나쁘다'는 말을 듣지만, 고양이는 주인에게 칭찬받고 싶어 하는 동물이 아니기 때문에 그런 것에는 애초부터 신경 쓰지 않는다.

고양이가 기억하고 있는 것은 누가 자신에게 먹이를 주는지 혹은 어디에 가면 먹잇감을 구할 수 있는지, 어디가 쾌적한 잠자리인지 또는 어디가 위험한 장소인지, 누가 자신에게 위해를 가할 가능성이 있는지 따위의 살아가기 위해 필요한 사항들이다. 이런 면에서는 개보다도 더 뛰어난 기억력을 발휘하고 있을 가능성도 크다.

생각해보면 인간 역시 '리더에게 칭찬받고 싶다'는 마음을 가지고 있다. 무리 생활이라고 하는 같은 특징을 가지고 있기 때문에, 명령에 잘 따르는 개에게 사람이 끌리는 것은 어떻게 보면 당연한 것이라 할 수 있다.

개와 고양이의 심리적인 차이

<무리 생활을 하는 동물의 심리>

리더에 따르며, 칭찬받고 싶어 한다. 그러므로 칭찬받기 위한 행동을 하며, 이것이 바로 '습득'의 원리다.

<단독 생활을 하는 동물의 심리>

칭찬받고 싶어 하지 않는다.
자기가 하고 싶은 대로 행동한다.
그러므로 고양이에게는 아무것도 가르칠 수 없는 것처럼 보인다.

고양이는 제멋대로 행동하는 동물

퇴근 후 집에 돌아오면 고양이가 현관까지 달려와서 '야옹야옹'거리며 다리에 몸을 비비며 달라붙는다. 사람의 뒤를 필사적으로 따라다니며 얼굴을 계속 쳐다보기도 한다. 이럴 경우 사람은 '고양이가 혼자 있어서 외로웠구나'라고 생각하고는 한다. 그래서 미안한 마음에 고양이를 안고 볼을 비비기도 한다. 하지만 정작 고양이는 안기는 것을 싫어하며 저항한다. 그래서 바닥에 내려놓으면 다시 사람의 몸에 달라붙어 몸을 비비며 애교를 떤다. '도대체 왜 이럴까?' 생각하면서도 일단 통조림을 따서 밥그릇에 부어주면, 고양이는 허겁지겁 밥을 다 먹고는 아무런 미련 없이 자신의 잠자리로 가 잠을 잔다. 아마도 고양이를 키우는 사람이라면 전부 이런 경험을 해보았으리라.

고양이는 외로웠다기보다는 배가 고팠던 것이다. 몸을 비비며 '얼른 먹을 것을 줘'라는 자신의 주장을 계속 표현했던 것이다. 그리고 배불리 먹자마자 '밥 잘 먹었어. 나 이제 잔다'며 자기가 하고 싶은 대로 행동할 뿐이다. 인간의 사회 통념으로서는 고양이가 제멋대로 행동한다고밖에 보이지 않지만, 이것이 바로 고양이의 본성이다. 감사의 기분을 표현하는 것을 통해 그 이후의 관계가 원활하게 잘 지속되는 것은, 무리 생활을 하는 동물들의 사회 통념이다. 단독 생활을 하는 동물에게는 '내가 최우선. 상대방과의 관계는 기브 앤 테이크'라는 것이 상식이다.

자기에게 뭔가 득 될 일이 있으면 사람에게 접근하고, 득 될 것이 없으면 무시하는 것이 고양이의 신조다. 인간 사회에서 보자면 이기주의적이며 제멋대로인 것으로밖에 보이지 않지만, '너는 너, 나는 나'라고 하는 발상과 언제 어느 때건 '나의 길을 간다'고 하는 생활 자세가 고양이의 커다란 매력인 것 또한 사실이다.

고양이와 사람 사이의 감정 차이

고양이에게도 언어가 있을까?

동물은 각자 커뮤니케이션의 수단을 가지고 있다. 음성이 그 수단으로 사용되는 경우도 있지만, 대부분의 경우에는 몸짓을 통해 서로에게 의사 전달을 한다. 이와 같은 몸짓은 '몸으로 표현하는 언어'라는 의미로 보디랭귀지라 불리기도 한다.

공포를 느낄 때 자신의 몸을 실제보다 작게 보이려고 하거나, 위협할 때 자신의 몸을 실제보다 더 크게 보이려는 행동은 많은 동물들에게서 공통적으로 찾아볼 수 있는 보디랭귀지다. 예를 들어 고양이가 공포를 느낄 때는 몸을 웅크리고 자세를 낮춘 후 귀를 머리에 붙인다. 실제보다 몸을 작게 보이도록 함으로써 '저는 작고 약한 고양이예요. 당신이 나보다 강한 것이 명백하니까 공격하지 마세요'라는 메시지를 보내고 있는 것이다.

반대로 위협할 때는 실제 자신의 몸보다 더 크고 강하게 보임으로써 '나한테 손대면 너를 혼내줄 거야. 그러니까 공격할 생각 마'라는 메시지를 보낸다. 고양이가 손톱을 세우고 등을 둥글게 말고 털을 세워 꼬리를 위로 들어 올려 털을 부풀리는 것이 바로 이러한 표현이다. 우리는 이런 모습을 보고 고양이가 화나 있는 상태라고 판단하지만, 정확하게 말하면 '더 이상 접근하면 공격하겠다'는 위협의 의미다. 그러므로 이런 상태에서 더 이상 고양이에게 접근하지만 않으면 고양이도 사람을 공격하지 않는다. 결국 따지고 보면 공포의 몸짓도, 위협의 몸짓도 '공격하지 마'라는 의미를 띠는 셈이다. 단지 그 상태의 고양이가 겁먹고 있는지, 대담하게 행동하려 하는지가 다를 뿐이다. 공포의 정도나 위협의 정도는 거의 동시에 서로에게 전해지기 때문에 이에 따라 승패가 결정된다. 위협의 정도가 거의 같은 경우 말고는 둘 사이에 싸움이 일어나지 않는다.

동물은 가능한 한 싸움을 피하고자 하다. 건건이 싸우려 들다가는 죽을 확률이 높아진다는 사실을 알고 있기 때문이다.

이처럼 보디랭귀지에서 승패를 결정한 후 불필요한 싸움을 피하는 행위는 동물 세계 전반에서 공통된 것이다. 어쩌면 생명이 아까운지 모르고 덤벼드는 행동을 하는 것은 사람뿐일지도 모른다.

동물 세계 전반에서 공통되는 보디랭귀지

약자

강자

가능한 한 자신을 더 약하게 보인다.
'네가 더 강하다는 사실을 알고 있어. 공격하지 마.'

가능한 한 자신을 더 강하게 보인다.
'더 이상 접근하면 뜨거운 맛을 보여줄 테다. 공격하지 마.'

자신의 강한 정도를 주장함으로써 불필요한 싸움 없이 승부가 결정된다.
몸을 크게 보이는 방법은 동물에 따라 가지가지!

목도리 도마뱀
목 주변의 주름을 펼친다.

고슴도치
온몸의 침을 세운다.

궁지에 몰린 고양이는 사람을 공격한다

기질이 약하든 강하든 간에 상관없이 일단 적과 만난 고양이는 '더 이상 접근하지 마, 공격하지 마'라는 메시지를 보내기 마련이다. 하지만 상대방이 그 메시지를 무시하고 접근하려 하면 어느 경우에든 공격하게 된다. 최종적으로 몸을 지키기 위해서는 공격 이외의 방법은 없기 때문이다.

겁먹고 몸을 작게 만든 고양이는 지나치게 공포에 질린 나머지 결사의 각오로 적을 향해 공격한다. 즉, 몸을 웅크린 채 위협의 소리를 내며, 그래도 안 되겠다 싶을 경우에는 손톱으로 할퀴며 공격한다. 그런데도 상대방이 자신에게 접근해 오면 될 대로 되라는 심정으로 물고 할퀴며 공격하기 시작한다. '궁지에 몰린 쥐는 고양이도 문다'는 속담이 있지만, '궁지에 몰린 고양이' 역시 고양이든 사람이든 닥치는 대로 공격한다.

기질이 강한 고양이는 위협과 동시에 적극적으로 공격하기 시작한다. 즉, 적의 공격을 받기 전에 이미 먼저 공격을 시작한다. 상대방에게 달려들어 물어뜯고 발로 차며 맹공격을 퍼붓는다.

아무리 겁먹은 고양이든, 강한 척 자신을 강조하며 위협하는 고양이든, 둘 다 사실은 그 상황을 무서워한다는 점에서만은 똑같다. 단지 그 고양이의 기질 여하에 따라 공포심의 표현 방법과 그 상황의 대처법이 다를 뿐이다. 생각해보면 인간 역시 마찬가지다. '공격은 최대의 방어'라는 말도 있듯, 공포심을 느끼지 않는 진정으로 강한 사람은 상대방을 공격하지 않기 때문이다.

구석에 웅크리고 앉아 무서워하고 있는 길고양이를 포획할 경우, 사람은 고양이를 안심시키며 고양이를 향해 손을 뻗기도 한다. 무서워하고 있으므로 공격하지 않을 것이라고 생각하기 쉽지만, 이는 틀린 생각이다. 결사적인 공격 행위를 할 가능성이 크므로 주의해야 한다.

고양이의 심리

몸을 작게 웅크리고 있는 고양이는 현재 공포심이 강한 상태

기질이 아주 약한 고양이는 공격하지 않기도 한다.

덜덜~
자, 이리 오렴.

약간 기질이 강한 고양이는 결사적으로 반격한다.

으악!
오지 마!

기질이 강한 고양이는 위협한다.

더 이상 접근하면 가만 안 둘 거야!
놀라라!

기질이 아주 강한 고양이

휙~
어라?
아무런 동요가 없다.

고양이의 다양한 보디랭귀지

인간은 1년 어느 때든 번식 행위가 가능하지만, 동물의 경우 번식 가능한 시기가 정해져 있다. 발정기 혹은 번식기라고 칭하며, 그 밖의 시기에는 교미를 하지 않는다.

친하지 않은 상대방의 눈을 정면으로 응시하는 행동은 적의의 표현. 싸움을 걸고 있는 것과 마찬가지의 행동이다. 주인에게 혼나면 노려보던 눈을 거두고 딴 곳으로 시선을 돌린다. '더 이상 적의는 없어요'라는 의미다.

간단한 인사 행위다. '뭔가 맛있는 거 먹고 왔어?'라며 서로 정보를 교환하기도 한다. 서로 코를 맞대고 있는 것처럼 보이지만 사실은 서로의 입 냄새를 맡고 있는 중이다. 주인에게도 이런 행동을 보인다.

미묘한 감정 차이를 꼬리를 통해 표현한다. 꼬리를 격하게 흔들고 있을 때는 감정이 고양된 상태. 천천히 움직이고 있을 때는 반대로 부드러운 감정 상태일 때다. 고양이의 모든 감정이 꼬리를 통해 표현된다고 할 수 있다.

눈동자로 표현되는 감정도 있다

동공이 빛의 밝고 어두운 정도와 관계없이 커지는 경우가 있다. 감정이 고양될수록 눈이 더욱 커진다.

고양이의 동공이 커졌다가 작아졌다가 한다. 매우 기쁠 때 나타나는 현상이다.

처음 본 고양이의 눈을 보면 동공이 커져 있는 것을 발견하게 된다. 이는 무서움을 느끼고 있다는 증거다.

'지금이다!'라고 행동을 결정할 때 등 무언가에 달려들려고 하는 찰나에도 동공이 커진다.

24 고양이는 왜 집에 집착할까?

예로부터 "개는 사람을 따라가고, 고양이는 집을 따라간다"는 말이 있다. 개는 다른 집으로 이사해도 기쁜 마음으로 주인을 따라가지만, 고양이는 이전에 살던 집에 돌아가버린다는 뜻의 옛말이다.

무리 생활을 하는 개는 주인을 자신이 속한 무리의 리더라고 생각하며, 가족을 무리의 구성원이라고 생각하고 있다. 가족을 지키는 것이 자신의 사명이라고 생각하고 있기 때문에 집을 지키는 역할 또한 훌륭히 해낸다. 가족과 함께 있는 것을 제일 큰 행복으로 생각하기 때문에 가족과 함께라면 어디에든 함께 간다. 그러므로 '개는 사람을 따라간다'는 말이 생겨난 것이다.

한편 '고양이는 집을 따라간다'는 말의 경우, 예전의 고양이에게는 맞는 말이었지만 현대의 고양이에게는 어울리지 않는 말이 되고 말았다. 예전의 고양이는 집 내부나 집 주변에서 쥐를 잡아먹고 살았다. 완벽한 육식동물인 고양이는 주인이 남긴 음식물만으로는 영양이 부족했기 때문에 사냥하며 생명을 이어갈 수밖에 없었다. 사람들은 고양이가 쥐를 잡아주는 것에 만족했고, 쥐를 잡아주길 기대했기 때문에 오랜 기간 고양이는 풀어놓고 키우는 것을 일반적으로 여겨왔다.

이런 고양이들에게 집 주변은 소중한 사냥터다. 만약 가족들이 가까운 곳의 다른 집으로 이사한 경우, 고양이는 먹잇감을 확실히 확보할 수 있고 자신의 영역이기도 한 원래의 사냥터로 되돌아갔다. 주인이 고양이에게 필요한 먹이를 제공했던 것이 아니라 집 주변이 자신에게 먹잇감을 제공해주고 있었기 때문이다. 이것이 바로 '고양이는 집을 따라간다'는 말의 유래다.

또한 원래의 집으로 돌아올 수 없을 만큼 먼 곳으로 이사한 경우, 고양이는 새로운 영역을 만들어야 했다. 새로운 영역이란 먹잇감이 있는 장소여야 했으며, 새로운 집 주변이 꼭 먹잇감이 풍부한 조건을 만족시켜 준다고 할 수는 없다. 이럴 경우 고양이는 먹잇감이 있는 새로운 영역을 찾기 위해 어딘가 다른 곳으로 이동할 수밖에 없다. 그렇게 고양이가 사라지고 나면 사람들은 고양이가 원래의 집으로 돌아갔다고 생각하고는 했다. 어찌 되었건 '고양이가 집을 따른다'는 말은 고양이가 쥐를 잡아먹고 생활하던 시대의 이야기다.

🐾 고양이가 집에 집착하는 이유

예전의 고양이는 집 안이나 집 주변에서 쥐를 잡아 생활했다.
(=자신의 영역)

기다려~!

으악~!

아아, 내 영역은 저기인데…….

이사를 가면……
가까운 곳일 경우, 자신의 영역으로 되돌아 간다. 먼 곳으로 이사한 경우, 자신의 새로운 영역을 찾기 위해 가족을 떠나기도 한다. 예전의 고양이에게는 주인보다도 먹잇감이 있는 영역이 더 중요했다. 이것이 바로 고양이가 집에 집착하는 이유!

지금은 고양이도 개와 마찬가지로 '사람을 따라간다'

1960년대 후반, 애완용 사료가 급속도로 보급되면서 고양이에게도 애완용 사료를 주는 것이 일반화되었다. 균형 잡힌 영양 사료를 충분히 먹게 된 고양이는 스스로 사냥할 필요가 없어지게 되었다. 실내에서 고양이를 키우는 것이 가능해진 것도 질 좋은 고양이 사료가 보급된 덕이다.

현재 집고양이들은 식사에 관련된 모든 것을 주인에게 의존하고 있다. 배고프면 주인을 향해 '야옹~' 하고 울기만 하면 된다. 거꾸로 말하면, 주인이 없어진다면 식사를 해결할 수 없다는 말이다. 결국 지금의 고양이에게 중요한 것은 먹잇감이 있는 사냥터가 아니라 사료를 제공하는 주인이다. 지금의 고양이는 주인의 존재 자체를 중요하게 생각한다. 그러므로 주인이 이사했을 경우 원래의 집으로 돌아갈 이유가 없으며, 고양이 또한 주인과 함께 장소를 옮겨가야 할 필요가 생긴 것이다.

'고양이는 집을 따라간다'는 말이 있기 때문에 고양이와 함께 이사하는 것이 불가능한 것은 아닐까 생각하는 사람도 있지만, 전혀 걱정할 필요가 없다. 지금은 '고양이도 개도 사람을 따라간다'는 말이 더 어울리는 시대이기 때문이다. 고양이는 집을 떠나지 않는다는 이야기를 믿고 이사할 때 그 자리에 두고 간다면, 고양이는 길거리를 헤매 다닐 수밖에 없다. 이는 반려동물을 키우는 사람으로서의 책임 방기이며 동물 학대에도 해당된다.

개와 고양이 양쪽 모두 사람을 따르는 동물이지만, 둘 사이에는 약간의 차이점이 있다. 개는 어디까지나 리더에 복종하며 가족과 함께 생활하기 위해 사람을 따르지만, 고양이는 식량을 확보하기 위해 사람을 따른다는 점이다. 고양이는 자신의 영역을 소중하게 생각하는 동물로, 영역이란 먹이와 안전이 확보되는 장소를 말한다. 자신을 위해 사료를 준비해주는 주인이 있는 공간이 요즘의 고양이에게는 자신의 소중한 영역인 셈이다.

😺 요즘의 고양이는 '집'보다는 '사람'

지금의 고양이는 식사의 전부를 주인에게 의존하고 있다.

쥐나 새를 잡아서 물고 오는 이유는?

고양이는 기본적으로 사냥 본능을 타고나기 때문에 그것을 그만두게 할 수는 없다. 그래서 사냥감을 발견하면 본능적으로 그것을 잡고 싶어 한다. 본능이란 그 동물의 생존을 가능하게 한 뿌리와 같은 것으로, 충족되면 '쾌감'을 느낀다. 이러한 '쾌감'이란 어떤 행위를 가능하게 해주는 보상과 같다. 예를 들어 배고플 때 무언가를 먹으면서 쾌감을 느낄 수 있고, 그 때문에 비로소 무언가가 먹고 싶어지는 것이다. 만일 식사 행위가 불쾌감과 연결된다면 아무도 먹으려 하지 않을 것이다. 마찬가지로 고양이는 먹잇감을 사냥하는 것 자체에 쾌감을 느낀다. 따라서 본능적으로 그것을 멈출 수 없는 것이다.

풀어놓고 키우는 고양이의 경우 바깥에서 먹잇감과 만나면, 배고프지 않더라도 무조건 사냥을 시작한다. 사냥감을 발견하자마자 '사냥 본능의 스위치'에 불이 들어오기 때문이다. 하지만 집에서 충분한 먹이를 제공받는 고양이의 경우 사냥이 성공적으로 끝났더라도, 그다음에 이어지는 '먹이를 먹자'라는 스위치에는 불이 들어오지 않는다. 배부른 고양이에게는 대신 그 먹이를 '안전한 곳에 숨겨두자'고 하는 스위치에 불이 들어온다. 집고양이에게 가장 안전한 장소는 바로 집이기 때문에 사냥한 먹잇감을 물고 집으로 돌아오게 된다. 하지만 집에 도착할 즈음에는 '안전한 곳에 숨겨두자'고 하는 본능이 충족되고, 주인의 얼굴을 본 순간 먹이를 숨겨두려던 계획을 잊게 되어 대부분 그 자리에 사냥한 먹이를 떨어뜨려놓는다. 주인은 고양이가 자신에게 먹이를 선물했다고 생각하기도 하지만 그런 것은 아니다.

　주인이 그 먹잇감에 손대면 필사적으로 저항하는 것이 그 증거다. 주인에게 먹이를 빼앗길 것 같은 상황이 닥치면, 자신의 먹이라는 본능이 다시 눈뜨게 된다. 집고양이의 경우 본능의 스위치에 불이 들어와도 중간에 깜빡거리며 그 연결이 끊어지기도 한다. 그래서 본능들이 정확하게 서로 연결되지 않는 상태에 놓여 있다고 할 수 있다.

🐾 고양이가 사냥감을 물고 집으로 돌아오는 이유

고양이는 먹잇감을 보면 사냥 본능의 스위치가 켜진다.

살아 있는 작은 새를 물고 집으로 돌아오는 고양이

초여름, 어린 새들이 둥지를 떠나는 시기가 돌아오면 고양이가 어린 새를 물고 집으로 오는 경우가 있다. 둥지를 떠나기 직전의 아직 잘 날지 못하는 어린 새를 잡아 물고 오는 것이다.

대부분의 경우 새는 축 처져 있기는 하지만 상처가 없고 무사하다. 고양이는 움직이지 않는 아기 새에 흥미를 잃어 아무 곳에나 놓아둔다. 하지만 새가 다시 숨을 쉬며 움직이기 시작하는 것을 본 고양이는 사냥 본능이 다시 발동되기 때문에 또다시 새를 잡으려고 한다. 이런 과정이 반복되는 와중, 결국 작은 새는 죽어버리고 만다. 집고양이는 자신이 잡은 새를 먹는 일이 절대 없으므로, 이는 아무리 본능이라고 해도 이해할 수 없는 단순한 살생 행위라고밖에 말할 수 없다. 새가 상처 입지 않았을 때 고양이로부터 새를 구출해 하늘로 날려 보내주는 것이 고양이를 키우는 사람으로서 해야 할 의무다.

키우는 고양이가 새를 잡을 가능성이 있다고 생각되면, 방에 커다란 관엽식물 화분을 놓아두는 것도 좋은 방법이다. 아기 새가 도망갈 곳을 만들어주기 위해서다. 새가 나뭇가지로 날아 도망쳤다면 고양이보다 먼저 새를 포획해서 욕실 같은 곳으로 피난시켜준다. 그럴 경우 고양이는 자신에게 먹잇감을 내놓으라고 끈질기게 따라오기 때문에 문을 닫아 격리시킬 필요가 있다.

만일을 위해서 새의 몸을 잘 살펴봐주기 바란다. 날개에 큰 상처를 입었다면 어쩔 수 없지만, 그렇지 않다면 잠시 안정을 취한 후 원기를 찾았을 때 날려 보내주면 된다. 상처를 입었을 경우에는 병원에 데려갈 필요가 있다. 외상은 없어 보여도 날개가 꺾인 경우에는 제대로 날 수가 없기 때문에 당분간 보호하며 돌봐줄 필요가 있다. 새에 대해 잘 아는 사람이

나 동물 병원에 상담해봐도 좋을 것이다.

필요 없는 살생을 방지하기 위해서도 고양이는 실내에서 키우는 편이 좋다고 생각한다. 예전의 풀어놓고 기르던 방식은 말 그대로 예전의 것일 뿐이다.

고양이가 물고 온 새에게 외상이 없을 경우의 대처법

고양이가 아기 새를 물고 왔을 때는 대부분 외상이 없을 경우가 많다.

재빨리 고양이로부터 새를 떼어놓으면 구할 수 있는 확률이 높다. 욕실 등 고양이와 격리된 장소에서 새의 상태를 관찰한다.

새 괜찮을까?

벅벅

돌려줘~, 내가 잡은 새!

펄럭 펄럭

미안해.

원기를 회복하면 날려 보내준다. 필요 없는 살생은 막아야 한다.

고양이는 부모나 형제를 인식할 수 있을까?

부모 자식 간이나 형제자매 사이를 인식한다는 말은 서로가 혈연관계로 연결되어 있다는 사실을 인식한다는 뜻이다. 혈연관계를 인식한다는 것은 부친과 교미한 모친으로부터 자신과 형제들이 태어났다는 사실을 이해하고 있다는 것이므로, 아무리 봐도 이를 인식한다는 것은 고양이에게는 무리가 따르는 이야기다. 이 세상에 존재하는 동물 중 이와 같은 혈연관계를 제대로 인식하고 있는 존재는 사람뿐일 것으로 생각된다.

갓 태어난 고양이는 끊임없는 보살핌을 원한다. 그 대상이 어미 고양이든 사람이든 상관없다. 그저 자기 옆에 있는 따뜻한 존재에게 자신을 보살펴줄 것과 젖을 원할 뿐이다. 야생의 경우, 자신을 보살펴주는 존재는 어미 고양이다. 만약 어미가 죽어 사람이 새끼 고양이를 보살피게 되는 경우가 와도 새끼 고양이는 아무런 의심 없이 인간에게 보살핌을 받는다. 새끼 고양이에게는 기댈 수 있는 존재가 필요할 뿐, 더 이상의 것은 그다지 큰 의미가 없기 때문이다.

한편 출산한 어미 고양이는 호르몬의 영향 때문에 모성 본능이 발현되어 열심히 새끼들을 보살핀다. 당연한 말이지만 고양이는 숫자를 셀 수 없고, 자기가 낳은 새끼가 몇 마리인지 인식하지 못하기 때문에 같은 냄새가 나기만 한다면 다른 동물의 새끼라도 구분 없이 보살펴준다. 여기에는 '보살핌을 받고자 하는' 새끼 고양이의 욕망과 '보살펴주고자 하는' 어미 고양이의 본능이 있을 뿐, 혈연관계라는 의식은 존재하지 않는다.

마찬가지로 새끼 고양이는 자신과 함께 태어나 자라는 형제들을 '안심할 수 있는 친구'라고 인식할 뿐, 역시 혈연관계 의식과는 관련이 없다. 새끼 때부터 함께 지내면 누구나 '형제'가 될 수 있다. 동물의 세계에서는 부모 자식처럼 생활하면 부모 자식 관계가 되고, 형제처럼 생활하면 형제 관계가 형성된다.

그렇다면 몇 년 동안 떨어져 있다가 다시 만났을 경우에는 어떨까? 과연 서로가 부모 자식 혹은 형제 사이였다는 것을 기억할까? 하지만 고양이는 그것에 대해 전혀 기억하지 못한다. 단독 생활을 하는 고양이는 자신에게 익숙한 냄새가 나는지, 생소한 냄새가 나는지의 여부에 따라 자신과의 친화성을 판단하는 동물이다. 하지만 개는 자신과 함께 생활했던 동료를 계속 기억하고 있는 동물이다. 상대방이 가지고 있는 본래의 냄새 그 자체를 기억하고 있으며, 이는 무리 생활을 하는 동물이 가진 능력이기도 하다.

고양이의 가족관

동물에게 혈연이라든지 친족이라는 개념은 없다.

부모 자식처럼 생활하면 '부모 자식 관계'이고 누구의 자식이든 상관없이 형제처럼 생활하면 '형제 관계'다.

계속 함께 생활하면 그것이 바로 '가족'

생후 2주부터 7주 사이에 '친구'를 인식한다

새끼 고양이는 생후 약 1주일이면 눈을 뜨게 되며, 뒤이어 귀가 열린다. 귀가 열리면 바로 소리를 들을 수 있게 되지만, 눈을 뜬 직후에는 밝고 어두움의 정도만 구분할 수 있다. 생후 2주일이 지나면 어둠 속에서 사물이 보이기 시작하며, 이때부터 자기 주변의 세계를 인식하기 시작한다. 이후 생후 약 7주까지의 기간 동안 자신이 살고 있는 환경에 대해 인식한다. 이 '환경' 속에는 자신의 동료에 대한 인식도 포함되어 있다. 그래서 생후 2~7주 사이의 기간을 새끼 고양이의 사회화 시기라고 한다.

새끼 고양이는 사회화 시기에 접촉한 동물을 자신의 친구라고 인식한다. 개나 새, 햄스터 등과 사이좋게 지내는 고양이를 자주 볼 수 있는 것도, 사회화 시기 때부터 다른 동물과 함께 생활했거나, 그런 경험을 해본 적이 있기 때문이다.

이렇듯 사람에게 친숙하게 구는 고양이 역시 사회화 시기에 사람과 접촉할 기회가 있었기 때문이다. 사회화 시기에 고양이와 사람이 접촉하게 되면 고양이와 사람 사이에 친화성이 발전하게 된다. 만약 이 시기에 사람과 더불어 개와 함께 생활했다면 사람은 물론, 개와도 사이좋게 생활하는 것이 가능하다. 반대로 눈을 뜨기 전 어린 시기에 혼자 살아남은 고양이라면 사람에게는 친화성을 보이지만 다른 고양이들과는 사이좋게 지내지 못한다.

만약 태어날 때부터 길에서 생활했던 길고양이가 다 클 때까지 한 번도 사람과 접촉했던 경험이 없다면, 사람과 깊은 유대 관계를 맺는 것은 불가능하다. 만약 이런 고양이가 사람과 함께 생활한다고 해도 사람을 '먹이를 주는 위험하지 않은 존재' 정도로만 생각하기 때문에 항상 거리를 둔 관계밖에 맺지 못한다. 길고양이의 새끼를 키울 경우, 가능하면 빠른 시기에 데려와야 하는 이유는 이 때문이다. 사회화 시기를 놓치면 사람과 사이좋게 생활하는 것이 어려워지기 때문이다.

🐾 고양이가 친구를 인식하는 시기

새끼 고양이는 생후 2~7주의 사회화 시기에 '자신의 친구'를 인식한다.

그 시기에 사람과 접촉하지 못한 고양이는 인간을 대할 때 거리감을 둔다.

사회화 시기에 사람과 접촉한 고양이는 사람에게 친근하게 군다.

사회화 시기에 다양한 동물들과 접촉했던 고양이는 그 후로도 계속 그 동물들과 사이좋게 지낸다.

고양이에게도 라이벌 의식이 있을까?

라이벌 의식이란 다른 사람보다 더 많은 것을 성취하고 싶어 하는 경쟁의식이다. 이 경쟁의식은 무리 사회 특유의 것이다. 타인보다 우위에 서게 됨으로써 무리 속 자신의 존재를 보다 유리하게 만들고자 하는 본능이다.

인간은 개와 마찬가지로 무리 생활을 하는 동물이며, 무리 생활이란 상하 관계의 질서 안에서 살아가는 것을 말한다. 만약 상하 관계의 질서가 없었다면 서로 싸우기만 할 뿐 사회는 혼란해졌을 것이다. 무리의 하위 구성원은 상위의 존재를 위해 무언가 참고 견뎌야만 한다. 그러므로 기회가 있으면 타인보다 더 상위에 서고 싶어 하며, 내심 자신의 존재를 유리한 고지에 올려놓고 싶어 한다. 사람과 개는 모두 다소간의 라이벌 의식을 가지고 있다. 질투나 우월감, 열등감 등의 감정은 무리 생활을 하는 동물로서 가지는 특유의 심리라 할 수 있다.

하지만 고양이는 단독 생활을 하는 동물이기 때문에 무리 안의 순위라는 개념 자체가 없다. 새끼 때는 어미나 형제 고양이들과 함께 무리 지어 생활하지만, 어디까지나 그것은 육체적으로 미성숙한 입장에서 본 부자 관계나 형제 관계로서 성인 사회의 상하 관계와는 다르다. 그러므로 고양이가 다른 존재에 대해 질투심이나 우월감, 열등감 같은 감정을 가지고 있다고는 볼 수 없다.

개를 키울 때, 주인이 리더라는 사실을 명확하게 하지 않으면 개는 자신이 주인보다 서열이 높다고 착각하게 된다. 이러한 '권세증후군'이 발생하는 이유는 개가 주인을 라이벌로 인식하고 있기 때문이다. 이런 면에서 보자면 고양이에게 그런 일이 일어날 걱정은 전혀 없다. 아무리 고양이를 버릇없이 키워도 고양이는 단지 자신을 아기라고 생각하고 주인에게 의지하며 자신이 하고 싶은 대로 행동할 뿐이다. 그런 제멋대로의 행동이 고양이의 매력 중 하나이기도 하다.

라이벌 의식이란 무리 생활을 하는 동물 특유의 심리

라이벌 의식이란 무리 사회 속에서 생겨난 순위에 대한 불만으로,
타인보다 상위에 서고 싶다는 욕구에서 생긴 것이다.

단독 생활을 하는 고양이에게 라이벌 의식은 없다.
사회의 상하 관계와도 무관한 생활을 한다.

형제간의 힘 관계는 성장의 차이

보통 세 마리에서 다섯 마리의 새끼 고양이가 함께 태어나며, 태어나자마자 어미의 젖을 빨기 시작한다. 어미 고양이의 젖꼭지는 보통 네 쌍(여덟 개)이지만, 장소에 따라 나오는 젖의 양이 다르다. 보통 뒷다리 근처의 젖꼭지에서 더 많은 양의 젖이 나온다. 새끼 고양이들은 젖이 잘 나오는 젖꼭지를 빨기 위해 경쟁하게 된다. 하지만 태어나면서부터 벌써 몸집의 크기나 힘의 차이가 있기 때문에 결국 가장 크고 힘이 센 새끼 고양이가 젖이 제일 잘 나오는 뒷다리 근처의 젖을 차지하게 된다. 태어난 지 며칠 사이에 새끼 고양이들 사이에는 자기 전용의 젖꼭지가 결정된다. 이렇듯 새끼 고양이 세계의 힘 관계는 기본적인 성장의 차이에서 비롯된다.

몸집이 크고 힘이 센 새끼 고양이가 젖이 제일 잘 나오는 젖꼭지를 차지하게 되므로, 커가면서 몸집과 힘의 차이는 더 많이 벌어진다. 젖을 떼고 보금자리에서 자유롭게 돌아다니게 되면서부터는 가장 몸집이 큰 새끼 고양이가 솔선해서 행동하게 된다. 얼핏 리더처럼 보이기도 하지만 이는 단순히 성장이 빠른 탓으로, 리더의 역할을 하고 있다고는 할 수 없다. 앞에서도 설명했듯 새끼 고양이들에게 '따라 하는 습관'이 있기 때문에 나머지 새끼 고양이들은 몸집이 큰 고양이의 행동을 그대로 따라 한다. 혼자서는 겁나서 하지 못하는 일들도 여러 마리가 모이면 할 수 있게 된다. 이런 행동들이 모여 새끼 고양이들의 세계는 조금씩 넓어져간다.

여러 마리의 고양이를 함께 키우다 보면 어른이 된 후에도 새끼 시절과 마찬가지로 힘의 관계가 생겨나는 것을 발견할 수 있다. 대체로 기질이 강한 고양이일수록 자기 마음대로 행동하고, 얌전한 고양이가 그것을 허용한다. 이러한 힘의 관계는 결정적인 것은 아니다. 시간의 흐름과 상황에 따라 또 다르게 바뀌기 때문이다. 고양이의 세계는 순위라든가 질서라는 것과는 관계없이 유지된다. 그날그날의 기분이나 상황에 따라 바뀔 수 있는 성질의 것이라 할 수 있다.

형제 사이의 힘 관계

새끼 고양이는 태어날 때부터 몸집의 크기에 차이가 있다.
몸집이 클수록 힘이 세다.

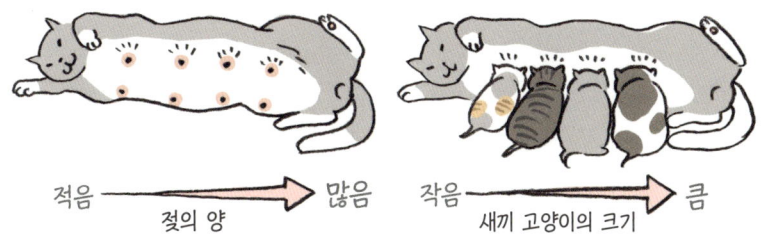

젖의 양이 더 많은 뒷다리 근처의
젖꼭지를 몸집이 큰 새끼 고양이가 차지하게 된다.

성장이 빠른 새끼 고양이가 솔선해서 행동을 취한다.
고양이의 힘 관계는 성장의 차이에서 발생한다.

개처럼 고양이도 집안의 가장을 인식할 수 있을까?

이제 이런 질문에는 쉽게 답을 예상할 수 있으리라 생각한다. 단독 생활을 하는 고양이에게는 리더라고 하는 의식 자체가 없기 때문에, 한 집안의 가장이라는 존재에 대해서도 이해하지 못한다. 가족 중 누가 권력을 쥐고 있는가 하는 사실은, 고양이에게는 어찌 되든 상관없는 일이기 때문이다. 고양이에게 중요한 사실은 누가 자신에게 쾌적함을 제공해주는가 하는 일뿐이다. 고양이는 가족 구성원 각자를 자신의 필요에 따라 능숙하게 잘 이용하고 있다고 해도 지나친 표현은 아니다. 배고플 때 누구에게 아양을 부리면 식사를 제공해주는지, 누구의 무릎 위에 올라가면 부드러운 손길을 받으며 쾌적한 낮잠을 잘 수 있는지, 놀고 싶을 때는 누구에게 장난을 걸면 되는지를 알고 있기 때문에, 자신의 필요에 맞는 사람 근처로 고양이는 접근한다.

개에게 존경의 대상인 한 집안의 가장은 고양이에게는 아무런 역할도 해주지 않는 경우가 대부분이다. 먹이를 준비해주는 것도 아니고, 함께 놀아주지도 않으며, 그렇다고 무릎 위에 앉아 편히 쉴 수 있는 것도 아니며, 이불 안에 고양이를 위한 잠자리를 만들어주지도 않는 것이 보통이기 때문이다. 요약하자면 고양이에게 필요한 것을 제공해주지 않는 한 집안의 가장이란 어찌 되었건 자신과는 상관없는 존재인 셈이다. 극단적으로 말하면 '나를 방해하지만 않는다면 집 안에 있어도 상관없는 존재'

정도로만 생각할지도 모른다. 고양이란 원래 그런 동물이다.

  만약 집 안의 가장이 고양이에게 호감을 얻고 싶다면, 항상 식사를 챙겨주고, 시간 나면 무릎을 고양이에게 제공해주고, 고양이가 싫어하는 일을 하지 않으며, 이불 속 잠자리를 챙겨주면 된다. 그러면서 고양이에

고양이가 좋아하는 사람

고양이가 좋아하는 사람이란……

즉, 고양이는 자신의 필요에 맞는 사람을 좋아한다.

게 절대 화내지만 않는다면 고양이 역시 가장을 필요한 존재로서 다시 인식하게 될 것이다.

고양이를 좋아하는 사람 중에도 고양이에게 미움받는 경우가 있다

"고양이는 자신을 좋아하는 사람을 알아본다"는 말이 있다. 고양이는 처음 만난 사람이 자신에게 호감을 가지고 있는지의 여부를 순식간에 알아차리며, 자신에게 호감이 있는 사람과는 금세 친숙해진다는 의미다. 고양이를 좋아하는 사람일수록 이 말을 더 믿고 있지만, 실제로 꼭 그렇지만은 않다. 고양이를 좋아하는데도 고양이에게 미움을 받는 사람도 있기 때문이다.

그 원인은 고양이를 좋아한 나머지 너무 급작스럽게 고양이에게 접근하기 때문이다. 이럴 경우 고양이는 상대방이 보이는 '기운'을 '살기'로 받아들인다. 게다가 눈을 빤히 쳐다보며 빠른 속도로 자신의 근처로 접근하는 사람이 있으면, 고양이는 그 사람이 자기에게 싸움을 건다고 생각한다. 그래서 몸을 숨겨 도망치게 된다.

고양이는 몸을 천천히 움직이고 자신에게 관심을 표하지 않는 사람을 편안하게 생각한다. 이럴 경우 처음 만난 사람인데도 긴장하지 않고 그 사람의 주변에서 편하게 지낸다. 다시 말해 공기처럼 담담한 존재라면 고양이는 아무런 불안을 느끼지 않고 그 주변에 있어준다. 특히 고양이는 성큼성큼 급하게 방으로 들어오는 외부인에 대해서는 공포심을 느낀다.

하지만 고양이는 자신을 싫어하는 사람, 특히 고양이를 무섭다고 생각하는 사람에 대해서는 정확하게 인식한다. 고양이를 무서워하는 사람의 몸에서는 '혐오감 물질' 혹은 '공포 물질'이라는 것이 발산되기 때문이다. 사람은 인식하지 못하지만, 고양이는 동물이 가진 육감을 이용해 그것을 감지한다. 적이나 공포를 감지한 동물은 언제든 자신을 지키기 위해 상대방을 공격할 수 있다는 사실을 알고 있기 때문이다. 고양이는 이것을 '위험'으로 받아들이고 가능한 한 빨리 도망치려고 한다. 그러므로 "고양이는 자신을 좋아하는 사람을 알아본다"는 말보다 "고양이는 자신을 싫어하는 사람을 알아본다"는 말이 더 정확하다고 할 수 있다.

😺 고양이를 좋아하는 사람은 고양이가 알아본다?

고양이를 좋아하는 사람 중에서도 고양이에게 미움받는 사람이 있다.

이런 흥분의 에너지를 고양이는 '살기'로 인식한다. 혹은,

고양이를 싫어하는 사람을 만나면 고양이도 긴장한다.
사람이 발산하는 '공포 물질'을 감지하기 때문이다.

사료에 모래를 뿌리는 것 같은 행동을 하는 이유는?

캔 사료를 열고 밥그릇에 옮겨서 먹으라고 내줘도 고양이는 냄새만 조금 맡을 뿐 먹지 않고, 바닥을 긁으며 마치 모래를 밥그릇에 뿌리는 것 같은 행동을 할 때가 있다.

대부분의 주인들은 이것을 맛없는 사료에 대한 고양이의 감정 표현이라고 생각한다. 그래서 더 비싼 캔을 따서 고양이에게 줘보지만, 마찬가지로 고양이는 먹지 않는다. 그러다 보면 고양이를 위해 점점 더 비싸고 좋은 캔 사료를 구입하게 된다. 고양이를 키우는 사람은 어쩐 일인지 고양이가 제멋대로 구는 행동을 봐주고 따라가게 되나 보다.

아껴두었던 비싼 캔 사료를 따주면 고양이는 그제야 밥을 먹기 시작한다. 그러면 이후부터는 골치 아파진다. 주인은 그 전의 값싼 사료가 맛없어서 고양이가 밥을 먹지 않는다고 판단하게 되고, 밥을 '먹어준다'는 사실 자체에 만족해 더 비싼 사료를 제공하게 된다. 반려동물을 키우는 사람들은 자신의 반려동물이 밥을 잘 먹어주는 것에 가장 큰 기쁨과 안도감을 느끼기 때문이다.

하지만 고양이가 캔 사료를 먹지 않았던 이유는 단지 식욕이 없었기 때문이다. 고양이는 변덕스러운 식욕을 가진 동물이다. 건강에 문제가 없는데도 식욕이 왕성한 날과 식욕이 없는 날이 확연하게 구분된다. 식욕이 없을 때 먹이를 본 고양이는 '일단 숨겨두고 보자'고 생각한다. 야생에서 생활하던 시절, 주변에 있는 풀이나 모래를 이용해 먹이를 숨겨두었던 습성이 지금의 고양이에게도 남아 있기 때문이다. 그때 바닥을 긁는 시늉을 하며 먹지 않을 사료를 숨기려는 행동을 보이는 것이다. 만약 먹이를 덮을 것이 아무것도 없으면 먹이를 숨겨놓는 시늉만 하며, 만약 주변에 걸레 같은 것이 있다면 그것을 이용해 훌륭하게 자신의 먹이를 숨긴다.

비싸고 맛있는 캔 사료를 따서 줬을 때 고양이가 그것을 먹는 이유는,

고양이가 밥을 먹지 않고 모래를 뿌리는 행동을 하는 이유

고양이는 가끔 바닥을 긁으며 밥에 모래를 뿌리는 것과 같은 행동을 할 때가 있다.

하지만 고양이는 단순히 식욕이 없을 뿐. 이런 행동은 야생 시절의 습성 때문이다.

식욕이 없어도 음식물의 대상이 바뀌면 먹는 것과 같은 상황이다. 배가 너무 불러 아무것도 못 먹을 것 같을 때도 케이크와 같은 단것은 먹고 마는 사람의 심경과 비슷하다고 할 수 있다.

그러므로 이러한 고양이의 행동은 그 고양이가 건강한 상태라면 그다지 걱정할 필요가 없다. 밥을 먹지 않는다고 걱정해 더 비싸고 맛있는 사료를 제공하기 시작하면, 고양이의 입맛이 비싼 사료에 길들여져 곤란할 뿐이다. 고양이가 밥을 먹지 않으면 않는 대로 밥그릇을 정리해 치워버려도 무방하다. 고양이가 변덕스러운 식욕을 가졌다는 사실을 인식하고 다시 밥을 잘 먹는 시기가 올 때까지 기다리면 된다. 얼마 지나지 않아 고양이는 보고 있는 것만으로 흐뭇할 정도로 맛있게 밥을 먹게 된다.

떠돌이 고양이는 잔뜩 먹어두는 습성이 있다

버림받아 길거리를 헤매던 고양이를 맡았다고 가정해보자. 그런 고양이는 놀랄 정도로 계속 먹이를 먹는다. 꺼내준 사료를 순식간에 먹어치우고는 밥을 더 달라는 의사 표현을 하며, 아무리 먹어도 끝낼 기미가 없다. 사람의 얼굴을 볼 때마다 먹을 것을 달라고 조르며, 사람이 뭔가를 먹고 있으면 부리나케 달려와서 달라고 조른다. 심할 경우 집에서 편안한 식사가 불가능할 정도가 되기도 한다.

길에서 생활하던 고양이는 계속 굶주려 있었기 때문에, 먹을 수 있을 때 먹어두자는 심리가 강하다. 야생에서 생활하는 고양이의 경우, 매일의 사냥이 확실히 성공한다는 보장은 없으므로 먹을 수 있는 상황이 오면 한꺼번에 잔뜩 먹어두려는 습성이 있다. 실제로도 대단히 많은 양을 먹을 수 있다. 살아남기 위한 야생의 심리가 그대로 드러난 것이라 할 수 있다.

먹는 행위 자체가 야생의 습성으로 돌아가 있는데도 먹이를 얻기 위해 자신을 버린 '동물'인 '사람'에게 기댈 수밖에 없는 고양이를 보면 불쌍하지 않을 수 없다. 또다시 배신당할지도 모른다는 불안과 함께 다시금 사

고양이의 변덕스러운 식욕

매일 충분한 먹이를 제공받고 있는 고양이는 변덕스러운 식욕을 보인다.
먹기 싫을 때는 먹이를 숨겨두고자 한다.

배고픔을 참으며 떠돌이 생활을 계속한 고양이는 먹을 것에 집착한다.

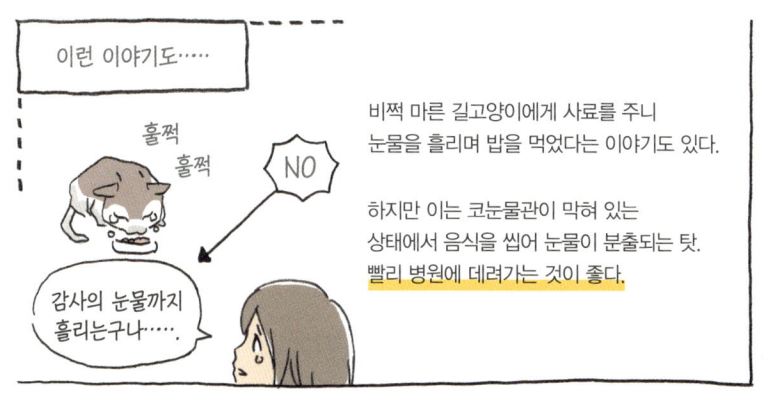

람을 신뢰하고자 하는 고양이가 애처로우면서 기특하기도 하다.

정신없이 밥을 먹는 모습을 보면 먹고 싶은 만큼 마음껏 먹게 해주고 싶다는 생각이 들기도 한다.

하지만 길거리 생활을 하며 몸이 약해진 경우, 한꺼번에 너무 많이 먹는 것은 위험할 수도 있으므로 주의가 필요하다. 설사를 하지 않는지 주의 깊게 살펴보며, 만일의 사태가 벌어지면 동물 병원에 데려갈 준비를 한 후 '먹을 수 있을 때 먹어두자'는 고양이의 심리 상태를 충족시켜주는 것이 좋다. 그렇게 1~2주 정도의 시간이 지나면, 앞에서 설명한 것처럼 먹고 싶지 않을 때는 먹이를 숨겨두는 보통의 고양이로 돌아간다. 먹고 싶을 때면 언제든 먹을 수 있다는 집고양이 심리 상태가 되어 '제멋대로에다 변덕스러운 식욕'의 고양이로 돌아간다.

고양이가 물건을 발로 건드려보는 이유는?

항상 지나치는 길목에 보통 때는 볼 수 없는 낯선 물건이 놓여 있을 경우 고양이는 앞발로 그것을 툭툭 건드려본다. 낯선 물건을 궁금하게 여긴 고양이가 보이는 행동이다. 방 가운데 청소기가 있다거나 TV 리모컨이 떨어져 있을 때 자주 볼 수 있는 광경이다.

'무섭다고는 할 수 없지만 그래도 무시하고 지나치기엔 신경 쓰이는, 뭔가 확인해보고 싶기는 하지만 약간 불안하기도 한 경우' 고양이가 보이는 행동으로, 일단은 목만 쑥 빼서 그 물건에 가까이 다가간 후 여기저기 들여다본다. 그래도 뭔지 모르면 허리는 그대로 두고 상반신만 뻗어 한쪽 손을 조심조심 뻗고는 물건을 재빨리 건드려본다. 건드리는 것과 동시에 재빨리 앞발을 거두어들여 얼굴 근처에서 정지 자세를 취한 후, 턱을 당기고 눈은 깜빡거린다. '어떻게 나오는지 공격해보자'는 의식이 물건을 건드려보게 만들고, '반격해올지도 모른다'는 긴장감이 앞발의 정지 자세와 턱을 당기는 행동, 눈을 깜박이는 행동으로 이어지는 것이다.

당연한 일이지만 '적'은 미동조차 하지 않는다. 그러면 고양이는 '좀 더 공격해볼까'라는 생각을 하게 되고, 이번에는 제법 세게 앞발로 물건을 때린다. 그러고는 역시 '마네키 네코'(앞발을 들고 손짓하는 모양의 고양이 인형. 사업 번창의 의미를 지닌 일본 특유의 인형이다_옮긴이)처럼 손을 얼굴 근처에 대고 정지 자세를 취한 후, 턱을 당겨 눈을 깜빡거린다. 당연히 '적'은 꼼짝 않고 그 자리에 있을 뿐이다. 그러면 이제 고양이는 그 물건을 연속적으로 때리기 시작한다.

그럼에도 아무 변화가 없으면 고양이는 아무 일도 없었다는 듯 그 옆을 지나쳐 간다. 보고 있는 사람은 그저 웃음만 난다. 야생 고양이는 이런 식으로 '적'을 일부러 움직이게 한 후, 움직인 동물이 자신의 먹잇감인지 아닌지를 판단했다. 동물의 본능적인 행동은 야생의 환경 안에서는 확실한 의미를 지닌 행동이지만, 인간 사회의 가정 속에서는 그 의미가 불확실해 보이는 것이 더 많다.

고양이가 갑자기 물건을 건드려보는 이유

고양이가 개다래나무를 좋아하는 이유는?

개다래나무에 포함되어 있는 네페탈락톤nepetalactone이라는 물질에 반응을 보인다는 사실은 밝혀졌지만, 왜 그런 반응을 보이는지, 또 그것이 고양이에게 유익한 성분인지에 대해서는 자세히 알려져 있지 않다. 고양이뿐만 아니라 고양잇과 다른 동물들도 같은 반응을 보인다.

개다래나무의 냄새를 맡은 고양이는 흥분 상태에 빠지게 되며 몸을 뒹굴면서 꿈틀거린다. 보통 때의 몸짓과는 명확하게 다른 움직임으로 속칭 '개다래나무 댄스'라고 불리기도 한다. 술에 취한 것 같은 이런 반응을 보일 때 고양이는 침을 흘리기도 한다.

'개다래나무 댄스'는 5분 정도면 멈추고, 멈추고 난 후면 아무 일도 없었던 것처럼 얌전해진다. 개다래나무는 알코올이나 마약처럼 중독될 염려가 없으며 몸에도 해가 없다. 한편 새끼 고양이는 개다래나무에 반응하지 않는다고 한다. 다 큰 고양이 중에서도 약 절반만이 반응을 보이며, 전혀 반응을 보이지 않는 고양이도 있다.

part 4

키우는 것에 대한 질문

고양이를 키우다 보면 곤란하거나 고민이 되는 부분,
의아하게 생각되는 점들이 많을 것이다.
하지만 고양이 본래의 습성을 알게 된다면 대답은 쉽게 나오기 마련이다.
고양이를 집 안에서 키우는 것이 불쌍하지 않을까라는 의문을
가지고 있다면, Part 4를 읽고 그것에 대한 대답을 찾아보자.

사람은 언제부터 고양이를 키우기 시작했을까?

인류가 고양이를 키우기 시작한 것은 약 5,000년 전 고대 이집트에서부터다. 곡물 창고에서 번식하는 쥐를 잡아먹기 위해 야생의 리비아살쾡이가 모여들기 시작하면서부터 고양이의 가축화가 시작되었다고 알려져 있다. 야생의 리비아살쾡이는 지금도 여전히 아프리카 대륙이나 아라비아 반도에서 살아가고 있다.

사람들은 야생의 리비아살쾡이를 쫓아내지 않았다. 곡물을 먹어치우는 쥐를 퇴치해주는 리비아살쾡이에게 큰 도움을 받았기 때문이다. 더구나 리비아살쾡이는 지금의 고양이와 몸 크기가 비슷하기 때문에 그다지 무섭지 않았을 것이다. 만일 당시 곡물 창고로 모여든 동물이 치타였다면, 분명 사람들은 그 크기에 놀라 마을로 모여드는 녀석들을 쫓아버렸을 것이다.

사람과 리비아살쾡이는 수천 년 동안 '상부상조'의 공존 생활을 계속했다. 그러던 중 마을의 여성이나 아이들은 부모를 잃거나 상처 입은 새끼 고양이를 돌봐주게 되었고 이것이 자연스럽게 반려동물로 그 관계가 발전했다고 할 수 있다. 그러한 새끼 고양이들은 성장하면서 보다 더 자연스럽게 인가 근처에서 생활하게 되었을 것으로 추정된다. 이 고양이들 간의 교미와 번식의 결과 리비아살쾡이의 성격과 모습이 점차 변화해가게 되었다. 이것이 바로 야생동물이 가축화된 과정이다. 즉, 쥐를 퇴치하는 능력을 인정받아 가축화된 동물이 바로 고양이다.

리비아살쾡이는 현재의 아비시니안Abyssinian(에티오피아 원산의 고양이 품종. 붉은 갈색이나 검은색의 짧은 털에 굵고 검은 띠무늬가 있다_옮긴이)과 비슷한 털색을 가지고 있지만, 가축화된 고양이는 줄무늬나 점박이 무늬 등 그 털색이 다양하다. 원래 야생동물은 가축화됨에 따라 다양한 털색으로 변화된다.

🐾 고양이가 사람과 함께 생활하게 된 역사

고대 이집트의 곡창지대. 곡물 창고에는 쥐가 잔뜩 살았다.

141

이집트에서 전 세계로 확산된 고양이

고대 이집트에서 고양이는 태양신 '라'의 화신, 그리고 수태와 농경의 여신 '바스트'로서 숭배되며 사람들의 보호를 받았다. 해외로의 반출도 금지되어왔다.

그러나 기원 전후 무렵부터 무역 상인들은 배에 실은 화물에 피해를 주는 쥐를 없애기 위해 이집트 사람들 몰래 고양이를 배에 태우기 시작했다. 해외 반출이 금지되어 있던 시대였지만, 상인들로서는 쥐로 인한 화물의 손실에 사활이 걸린 탓에 어쩔 수 없었던 것으로 보인다. 이때부터 고양이는 전 세계로 퍼져나가기 시작했다.

배를 타고 온 고양이는 자신과 근연종인 유럽살쾡이나 정글살쾡이와 교배되었고, 이 때문에 더 많은 형태의 변화를 맞게 되었다. 그와 더불어 고양이가 도착한 지역의 기후에 따른 변화도 일어나게 되었다. 예를 들어 추운 지역에 도착하게 된 고양이는 점차 몸집이 커졌고 길고 빽빽한 털을 가지게 되었다. 추위에 강한 개체만이 살아남아 번식을 계속한 결과로, 몸집이 크면 클수록 추위를 더 잘 견딜 수 있기 때문이다. 반대로 찌는 듯 더운 지역으로 건너가게 된 고양이는 털이 짧고 다리가 길며 마른 체형으로 변하게 되었다. 호리호리하고 다리가 긴 체형일수록 몸의 표면적이 체중에 비해 넓어져 열을 발산하기가 쉬우므로 더위를 견딜 수가 있기 때문이다. 이러한 변화는 기후에 적응하기 위한 진화의 한 과정이라고 할 수 있다.

일본에 고양이가 전해진 것은 대륙으로부터 불교가 들어왔던 시기와 일치한다. 불전을 싣고 들어오는 배에 고양이를 함께 태웠던 것이다. 이 역시 불전을 쥐로부터 보호하기 위한 목적이었다. 고양이는 쥐를 잡는 그 능력을 인정받아 전 세계로 확산되었고, 그 땅의 기후와 환경에 맞게 특유의 모습으로 진화해나갔다. 이것이 현재 다양한 고양이 품종이 탄생하게 된 배경이다. 활발한 품종개량에 의해 더 다양한 품종이 생겨나게 되었으며, 현재 약 40종 정도의 품종이 존재하고 있다.

신으로 숭배 받던 고양이가 전 세계로 확산되었다

전 세계로 확산된 고양이 중 추운 나라로 간 고양이는 몸집이 커졌으며, 더운 나라에 간 고양이는 몸집이 가늘어졌다. 이렇게 만들어진 다양한 체형과 겉모습이 현재 품종이 다양해지는 기초가 되었다.

털 빠짐에 좋은 대책은 없을까?

고양이의 털은 1년 내내 조금씩 빠지고 나기를 반복한다. 특히 봄가을의 털갈이 시기에는 한꺼번에 대량의 털이 빠지고 다시 난다. 특히 봄의 털갈이 시기에는 가을의 털갈이 시기보다 더 많은 털이 빠진다. 봄의 털갈이 시기에는 그냥 넘어갈 수 없을 정도로 많은 양의 털이 빠지며, 그 대부분은 공기 중에 날리기 쉬운 솜털이다.

가을의 털갈이 시기가 되면 털이 빠지고 다시 남과 동시에 포근한 솜털이 빽빽하게 자라나 추운 겨울을 대비한다. 이를 '겨울털'이라고 한다. 봄의 털갈이 시기에는 겨울 동안의 폭신한 솜털이 대부분 빠져 '여름털'로 바뀌게 된다. 겨울용의 솜털이 모두 빠지기 때문에 봄철의 털갈이 시기에 빠지는 털의 양이 더 많은 것이다.

봄의 털갈이 시기에 신경 쓰지 않고 그냥 내버려두면 집 안 여기저기가 털로 지저분하게 된다. 의복이나 이불, 소파에도 털이 잔뜩 달라붙고, 고양이가 몸을 긁으면 빠진 솜털이 마치 연기처럼 공기 중에 떠다닌다. 무슨 수를 내지 않으면 고양이와의 쾌적한 생활이 불가능해질 정도다.

제일 좋은 방법은 매일 부지런하게 고양이의 몸을 빗질해주는 것이다. 털이 빠지기 전에 미리 빗어 빠지는 털을 제거해준다면 주변이 지저분해지지 않을 것이다. 적어도 아침저녁으로 하루 두 번 빗질해주기 바란다.

청소용의 회전식 점착테이프를 방 안 여기저기 준비해두고, 꼼꼼하게 청소해주는 것도 한 방법이다. 고양이의 잠자리에 털이 잘 붙는 천을 깔아두고 사람이 앉는 소파나 방석 등에 털이 잘 달라붙지 않는 천으로 커버를 씌우는 것도 좋은 방법이다. 털갈이 시기에는 털이 잘 달라붙지 않는 소재의 옷을 입고 소량의 세탁물을 세탁기에 넣고 빨아야 한다. 세탁기에 빨랫감을 많이 넣고 돌리면 털이 붙은 채 잘 떨어지지 않는다.

또 하나의 방법은 매일 청소기를 돌려 청소하는 것이다. 털 빠짐에 제일 좋은 대처법은 청소하기를 좋아하는 사람이 되는 수밖에 없다.

고양이의 털 빠짐

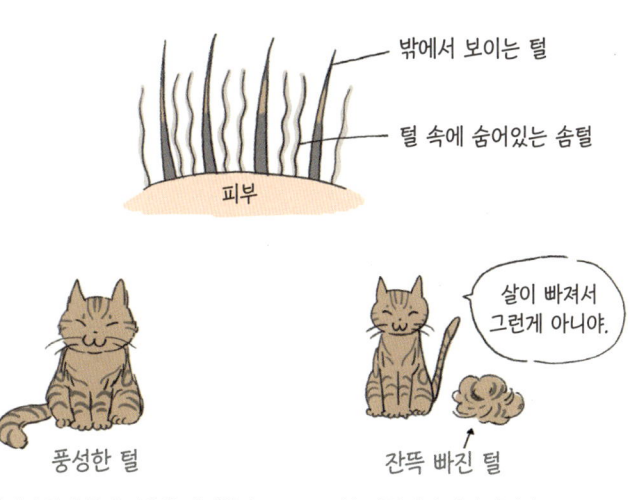

털갈이 시기에 고양이는 털을 토해낸다

고양이는 자주 몸을 핥는 동물이다. 이때 털을 핥으며 혓바닥에 붙은 털은 그대로 삼킨다. 보통 삼킨 털은 똥과 함께 배출되지만 털갈이 시기에는 너무 많은 털을 삼키기 때문에 몸속의 털이 전부 똥으로 배출되지 못한다. 남은 털은 위 안에 쌓여 털 뭉치(헤어볼)처럼 모이게 된다.

고양이는 가끔 헤어볼을 토한다. 털갈이 시기에 고양이가 잘 토하는 이유도 이 헤어볼 때문이다. 금방 먹었던 사료와 함께 토하기도 해서 처리하느라 손이 많이 가기도 하지만, 토한 것을 잘 살펴보면 젤리빈 형태로 뭉쳐진 헤어볼이 그 속에 섞여 있는 것을 발견할 수 있다. 털갈이 시기에만 헤어볼을 토해낸다고 말할 수는 없지만, 봄의 털갈이 시기에는 그 횟수가 압도적으로 늘어난다.

이 시기 고양이는 헤어볼을 토하기 쉽게 하기 위해 풀을 먹고 싶어 한다. 끝이 뾰족한 볏과의 식물을 좋아하는데, 그 이유는 뾰족한 잎이 목을 자극해서 토하기 쉽게 해주기 때문이다. 실제로 고양이는 풀을 먹은 후 풀과 함께 헤어볼을 토해낸다. 애완용품 가게나 꽃가게 등에서 '고양이 풀' 혹은 '반려동물 풀'이라는 이름의 화분으로 판매하고 있으니 털갈이 시기에는 방에 고양이 풀을 준비해두어 자유롭게 먹을 수 있도록 해주는 것이 좋다.

가끔 헤어볼을 제대로 토해내지 못해 위 속의 헤어볼이 점점 커지는 경우도 있다. 헤어볼을 제대로 토해내지 못하고 배변으로 배출하는 것도 불가능해지면 위 속이 헤어볼로 가득 차게 되어 밥을 먹을 수도 없게 된다. 이럴 경우에는 외과적인 수술을 할 수밖에 없으므로 주의가 필요하다.

최근에는 헤어볼을 관리해주는 사료도 출시되어 있다. 삼킨 털이 똥과 함께 잘 배출될 수 있도록 고안된 사료이므로, 털갈이 시기에는 이런 제품을 이용하는 것도 좋다.

고양이의 헤어볼

털갈이 시기의 고양이는 위 속의 헤어볼을 토해내기 위해 풀을 먹고 싶어 한다. 방 안에 고양이를 위한 화분을 놓아두자.

토하지 않는 것도 문제지만 토하는 것도 문제. 종이 같은 것을 깔아서 구토물을 잘 처리하도록 하자.

33

실내에서 생활하는 고양이는 행복할까?

고양이는 자유롭게 밖을 돌아다니는 동물이라는 의식이 뿌리 깊게 박혀 있는 듯하다. 개는 1950년대 이후 광견병예방법이 생기고 나서 풀어놓고 키우는 것이 금지되기도 했지만, 고양이에게 제재를 가하는 법률은 제정되지 않았다. 또한 사람들은 오랜 기간 고양이는 집 주변의 쥐를 잡는 동물이라고 생각했기 때문에 풀어놓고 키우는 것을 당연하게 생각했다. 이러한 생각이 집 안에 갇혀서 생활하는 고양이를 불쌍하다고 여기는 발상으로 연결되는 것 같다.

동물학적으로 보면 고양이는 '배회성 동물'이 아니다. 그에 비해 개는 여기저기 돌아다니고 싶어 하는 배회성 동물이다. 원래 어딘가 은닉해 엎드려 사냥하는 고양이의 습성상, 여기 저기 돌아다니고 싶어 한다는 것 자체가 모순된 말이다. 한곳에서 참을성 있게 기다리지 못하는 성격이라면 이런 사냥법은 절대 무리이기 때문이다.

고양이는 필요가 없다면 움직이지 않는 동물이다. 동물원에 있는 고양잇과 동물이 하루 중 거의 대부분의 시간을 가만히 엎드려 있는 것도 그런 까닭이다. 먹이가 제공되는 데다 위험이 없기 때문에 움직일 필요가 없어서다. 그와 반대로 동물원의 갯과 동물은 먹이와 안전이 보장되어 있는데도 끊임없이 돌아다닌다. 그러므로 개를 묶어 키우고 고양이를 풀어 키운다는 것 자체가 모순된 이야기다.

풀어놓고 키우는 고양이는 자신이 사는 집과 배변 장소, 낮잠 장소를 오가고 있을 뿐, 여기저기 돌아다니는 것 자체를 즐기고 있는 것은 아니다. 만일 집 안에 쾌적한 배변 장소와 잠자리가 있다면 밖으로 나갈 필요가 없다. 고양이의 영역 공간은 자신의 생존에 필요한 공간으로, 그 조건만 만족된다면 좁아도 부족하다고 여기지 않는다. 집 내부의 공간만으로도 충분히 행복하게 생활할 수 있는 동물이 바로 고양이다.

고양이는 배회성 동물이 아니다

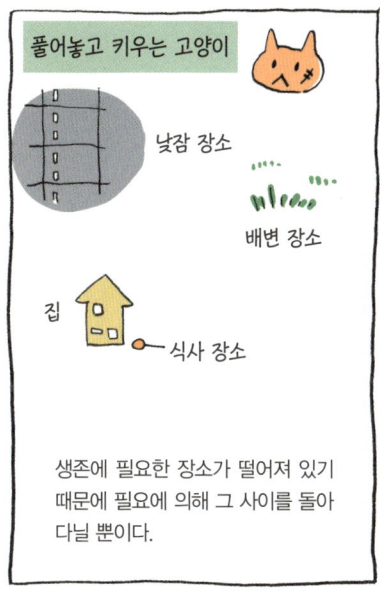

생존에 필요한 장소가 떨어져 있기 때문에 필요에 의해 그 사이를 돌아다닐 뿐이다.

집 안에 고양이가 필요한 모든 것이 갖추어져 있기 때문에 밖으로 돌아다닐 필요가 없다.

원래 고양이는 여기저기 돌아다니고 싶어 하는 동물이 아니다.

실내에서 생활하는 고양이는 밖에 나가고 싶어 하지 않는다

　새끼 때부터 줄곧 고양이를 집 안에서만 키우면 성장해서도 밖에 나가고 싶어 하지 않는다. 집 내부만을 자신의 영역이라고 인식하기 때문이다. 창이 열려 있을 경우, 어릴 때는 호기심에 나가보려고도 하지만 나이가 들게 되면 나갈 생각도 하지 않는다. 열린 창으로 고양이가 밖으로 나갔다고 해도 근처의 구석진 곳에 숨어 있을 뿐이다. 호기심에 나와보기는 했지만 창밖은 자신의 영역을 벗어난 곳이라서 불안하기 때문이다.

　고양이가 도망갔다며 멀리 떨어진 곳을 찾는 경우도 있지만, 이때 찾아야 하는 곳은 고양이가 나간 창이나 문 바로 근처다. 웬만한 일이 일어나지 않는 한 고양이는 멀리까지 가지 않는다. 불안해서 움직이지 않고 그 자리에서 그대로 며칠 동안 꼼짝하지 않는 경우가 대부분이다.

　그런데도 고양이가 창밖을 보고 있으면 사람들은 고양이가 밖에 나가고 싶어 한다고 여긴다. 하지만 고양이는 단지 자신의 영역 외부를 감시하고 있는 것뿐이니 신경 쓸 필요는 없다.

　실내에서 생활하는 고양이의 경우, 주인과 생활하는 시간이 늘어날수록 주인과 강한 결속 관계를 유지한다. 이때 유대 관계가 강할수록 고양이는 행복하다고 느낀다. 주인이 고양이를 가두고 있다고 생각하거나, 실내에서 생활하는 고양이는 불행할 것이라고 생각하는 것 자체가 문제다. 주인 스스로가 실내에서 생활하는 고양이는 행복하다고 생각하고 고양이와의 공동생활을 만족해한다면 고양이 역시 행복을 느낄 것이다.

　실내에서 생활하는 고양이는 갇혀 있는 것이 아니다. 따라서 창밖으로 나간 고양이는 도망친 것이 아니다. 실내에서 자기와 함께 생활하는 고양이가 진실로 행복하다고 생각하고 있다면 '갇혀 있다'거나 '도망쳤다'와 같은 단어들은 아마 쓰지 못할 것이다.

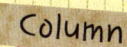

이사는 실내 생활로 바꿀 수 있는 좋은 기회

풀어놓고 키우던 고양이를 실내 생활로 바꾸는 것은 쉽지 않다. 그러나 이사를 기회로 삼으면 100% 성공한다.

네가 좋아하는 침대도 꺼내놓았어.

고양이는 새로운 공간에서 자신의 영역을 만들기 시작한다. 이때 고양이를 밖에 내놓지 않으면 집 내부가 고양이의 영역이 된다.

이사한다고 수고했어. 여기가 식사 장소야. 화장실도 있어. 우리 함께 잘 지내보자.

무는 버릇을 없앨 수는 없을까?

갑자기 고양이가 손에 달려들어 물 때가 있다. '그만둬'라고 소리 내어 혼내면 낼수록 고양이는 더 흥분해서 달려든다. 고양이가 왜 그런 행동을 하는지, 고양이에게 이상이 생긴 것은 아닌지, 무는 버릇을 없앨 방법은 없는지 궁금해하는 사람들이 최근 더 많이 늘고 있다. 실내에서 생활하는 경우, 특히 한 마리만을 키우고 있는 집에서 자주 볼 수 있는 현상이기도 하다.

사람들은 고양이가 물면 우선 무는 행동을 그만두게 해야 한다고 판단하고는 한다. 그러므로 어떻게 하면 무는 행동을 그만두게 할지부터 생각하기 마련이다. 무엇보다 먼저 고려해야 할 점은 고양이가 왜 무는 행동을 하는가에 대한 것이다. 무는 것을 그만두게 할지 말지를 결정하는 것은 그 뒤에 해도 늦지 않다.

고양이는 장난처럼 싸움을 걸며 함께 놀자는 신호로 무는 행동을 한다. 새끼 고양이들은 형제 고양이들의 등 뒤에서 갑자기 달려들어 물기 시작한다. 이는 함께 놀자는 신호며, 물린 고양이가 자신을 문 고양이에게 반격하는 것은 'OK, 함께 놀자'는 신호다. 즉, 주인의 손을 무는 행동은 이와 같은 놀이의 신호다. '그만둬'라고 혼내며 반응을 보이는 것 또한 고양이는 'OK'의 사인으로 받아들인다. 그리하여 기쁜 마음에 점점 더 흥분한 행동을 하는 것이다. 실내에서 혼자 생활하는 고양이일수록 자신과 생활하는 주인을 자기의 형제라고 생각하기 때문에 그와 같은 행동을 더 자주 보인다. 더욱이 집고양이는 항상 새끼 고양이의 기분에 젖어 있기 때문에, 다 크고 나서도 그런 행동을 보이곤 한다.

주인이 심각하게 화를 내고 고양이에게 몇 번이고 강하게 물리적인 제재를 가하면 점차 무는 것을 그만두게 된다. 이는 물지 않게 하는 교육이 효과를 발휘한 것이 아니라, 고양이가 주인을 친구나 형제로 생각하기를 그만둔 결과라고 할 수 있다. 고양이가 쌓아가려 했던 유대 관계를 주인이 물리적으로 끊는 것이므로 고양이의 입장에서는 참으로 불행한 일이라 할 수 있다. 잘 몰라서 한 행동이기는 하지만, 때로는 무지에 의해 냉정한 일이 아무렇지도 않게 벌어지기도 한다.

🐾 달려들어 무는 것은 같이 놀자는 의사 표현이다

고양이가 주인의 손과 발을 무는 것은 고양이의 즐거운 마음, 놀고 싶어 하는 기분이 발현될 때다. 주인에게 동료 의식을 느낄 때만 일어나는 행동이므로 이러한 고양이의 기분을 받아줄 필요도 있다. '어떻게 하면 무는 버릇을 고칠까'라기보다는 '어떻게 하면 고양이의 감정을 받아들여 서로간의 유대 관계를 쌓아나갈까'를 먼저 생각해봐야 할 것이다.

고양이를 키우는 사람은 고양이와 함께 놀아줄 의무가 있다

고양이의 놀이 본능을 받아들여 둘 사이의 유대 관계를 키워나갈 수 있으려면 어떻게 해야 할까? 대답은 간단하다. 고양이의 형제가 되었다고 생각하고 함께 놀아주는 수밖에 없다.

고양이가 물기 시작하면 고양이의 기분이 되어서 함께 놀아주기 바란다. 고양이는 놀이 시간이 시작되었다고 여기고 크게 기뻐하며 더 활달하게 달려들기 시작한다. 가장 단순한 놀이 대응법은 손을 펼쳐 고양이의 얼굴을 덮어 쥐는 것이다. 이럴 경우 고양이는 더 흥분해 화를 낸다. 어디까지나 이는 놀이 속에서 화내는 것이므로 걱정할 필요는 없다. '싸우는 놀이'를 통해 서로 친숙해지는 것이므로 화내는 척하는 것이 당연한 것이기도 하다.

고양이는 귀를 눕히고 턱을 당겨 놀고 싶어 하는 마음을 맘껏 드러낸다. 그리고 몸을 움츠렸다가 갑자기 달려들기 시작한다. 특히 고양이는 사람의 손을 주로 노리고 달려들므로, 고양이가 달려들어 물기 0.01초 전의 절묘한 타이밍에 손을 피해준다. '조금만 늦었으면 물릴 뻔했다'는 타이밍이 중요하다. 그러면 고양이는 더 신이 나서 놀이를 즐긴다.

반대로 손을 피하지 않고 주먹을 쥔 채 고양이를 밀어내는 것도 좋다. 고양이는 불시의 공격에 놀라기도 하지만, 이렇게 밀고 당기는 것 자체

고양이와 노는 방법

가 놀이라는 사실을 잘 이해한다. 다양하게 변화를 주어 고양이와 놀아주기 바란다. 내가 즐겁다고 느끼면 고양이도 그 즐거움에 동조하며 함께 즐거운 시간을 보낼 수 있을 것이다.

마지막에는 '이제 그만'이라고 말하며 자리에서 일어나 이전까지의 놀이와는 전혀 상관없는 일을 시작하는 것이 좋다. 고양이 역시 주인의 이러한 신호를 잘 이해하며, 스스로 놀이 시간을 끝내게 된다.

고양이는 어떤 놀이를 좋아할까?

고양이와 노는 것은 좋지만, 매일 고양이와 '싸움 놀이'를 하다 보면 체력적으로 힘들다고 호소하는 사람도 있다. 이럴 경우에는 깃털 막대를 이용해 놀아주면 된다. 깃털 막대를 이용하면 그리 큰 힘을 들이지 않고도 고양이와 놀아줄 수 있다. 하지만 단순하게 깃털 막대를 흔들기만 하면 되는 것은 아니다. 깃털 막대를 흔드는 데도 훌륭한 과학이 숨어 있다. 그 과학에 대해 이해해두는 것이 중요하다.

과학적 원리를 알아보기 전에 우선, 깃털 막대를 '고양이의 놀이 도구'가 아닌 '고양이를 즐겁게 해주기 위한 인간의 도구'라고 인식할 필요가 있다. 깃털 막대는 사용하는 방법에 따라 고양이를 흥분시키는 '비밀 병기'가 될 수도 있고 분리수거를 해야 하는 '쓰레기'가 될 수도 있기 때문이다.

그럼 이제 깃털 막대의 사용법에 포함된 과학에 대해 살펴보도록 하자. 움직이는 동물을 잡고 싶어 하는 충동이 고양이의 사냥 본능이라는 점에 대해서는 앞에서도 설명한 적이 있다. 충동이 충족될 때는 쾌감이 뒤따른다는 것도 함께 이야기했다. 그러므로 깃털 막대로 움직이는 동물을 연상시키는 움직임을 보여준다면 고양이의 사냥 본능을 최대한으로 끌어낼 수 있다. 그렇게 되면 고양이는 더 큰 즐거움을 느낄 수 있다. 고양이를 만족시켜주려면 어떤 식으로 깃털 막대를 흔들어주는 것이 좋을까?

이를 제대로 습득하기 위해서는 고양이의 먹잇감에는 어떤 동물이 있느지와 그 동물들의 움직임에 대해 살펴볼 필요가 있다. 그런 후 깃털 막대를 고양이의 먹잇감들이 보이는 움직임대로 흔들어주면 된다. 이것이 깃털 막대 속에 포함되어 있는 과학이다. 고양이와 제대로 놀아주기 위해서는 먹잇감이 되는 동물의 행동까지 꿰고 있어야 한다니, 조금씩 점점 전문적인 영역에까지 관심이 확대되어간다.

고양이의 사냥감과 그 움직임에 대한 분류

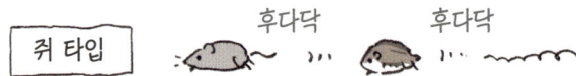

- 잰걸음으로 불규칙적으로 움직인다.
- 걷다가 불현듯 멈춰 서고, 다시 불현듯 움직인다.
- 그늘이나 틈새 사이로 들어간다.

- 낙엽 밑이나 풀숲을 바스락거리는 소리를 내며 움직인다.
- 모습이 보이지 않고 주변의 것들이 조금씩 움직인다.
- 가끔씩 그 모습을 보인다.
- 지그재그로 이동한다.
- 작은 구멍 같은 곳으로 들어간다.

- 조금 날았다가 착지하기를 계속한다.
- 지면에서 파닥파닥 날갯소리를 내며 날기 위해 애쓴다.
- 잡힐 것 같으면 순간적으로 날아오르기도 하지만 금세 다시 착지한다.

고양이 깃털 막대의 달인이 되기 위한 포인트

  고양이 먹잇감이 되는 동물들의 움직임을 기억했다면 이제는 상상력을 발휘하며 실전에 돌입해보자.

  다양한 종류의 깃털 막대를 애완용품점에서 판매하고 있지만, 그다지 모양에 신경 써서 고를 필요는 없다. 고양이는 먹잇감을 '형태'로 인식하는 것이 아니라 '움직임의 유형'으로 인식하기 때문이다. 그러므로 먹잇감의 형태보다는 먹잇감이 보이는 움직임대로 깃털 막대를 잘 흔들어주는 것이 더 중요하다. 특히 손목의 반동을 이용해 움직여주는 것이 중요하므로, 길이가 짧고 가벼운 깃털 막대를 고르는 편이 더 좋다.

  깃털 막대를 움직일 때의 포인트는 고양이가 있는 곳으로부터 멀어지도록 움직이는 것이다. 먹잇감이 되는 동물은 고양이를 보면 고양이 쪽으로 다가가는 것이 아니라 도망치기 때문이다. 깃털 막대를 고양이 반대 방향으로 움직이며 고양이의 사냥 본능을 촉발시킨다.

  그다음으로 중요한 포인트는 다양한 리듬과 속도로 깃털 막대를 움직이는 것이다. 천천히 움직이다가 빨리 움직이는 식으로 속도에 차이를 두다가, 가끔씩 고양이 쪽으로 전진시키며 흥미를 끌게 만든다.

  방 안 가구 뒷면이나 틈새에 깃털 막대를 숨기는 기술도 필요하다. 동물이 틈새에 숨는 모습을 재현해주기 바란다. 고양이는 보일 듯 말듯 움직이던 동물이 틈새에 들어가 보이지 않게 된 순간을 공격 시점이라고 판단한다. 이럴 경우 거의 100% 깃털 막대를 잡기 위해 뛰어든다. 좀처럼 고양이가 쉽게 잡지 못하도록 움직임을 연출해주는 것도 중요하다.

  마지막으로는 자신이 고양이의 먹잇감이 된 것처럼 행동하는 것이 중요하다. 마치 자신이 쥐가 된 것처럼 쥐의 움직임을 재현하고, 벌레가 된 것처럼 벌레의 움직임을 재현하면 의외의 효과를 발휘한다. 고양이에게 잡힐 것 같은 순간, 그 동물의 기분으로 대처하면 보다 더 근접한 움직임으로 깃털 막대를 움직일 수 있다.

새끼 새처럼 움직이고 싶을 때만큼은 낚싯대형 깃털 막대를 사용한다. 낚싯줄에 깃털이 달려 있는 것이 더 큰 효과를 발휘한다. 깃털 부분을 바닥에 붙이며 요란하게 흔들어 소리를 낸 후 고양이가 덤벼드는 순간 깃털을 낚아채는 방법을 사용한다. 고양이는 엄청난 점프력을 선보이며 신나게 뛰어다닐 것이 틀림없다.

🐾 깃털 막대 사용법

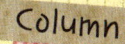

쥐 고양이, 뱀 고양이, 새 고양이

깃털 막대 놀이를 할 때 쥐의 움직임에 강한 반응을 보이는 고양이가 있는가 하면, 벌레의 움직임에 강한 반응을 보이는 고양이도 있고, 새의 움직임에 강한 반응을 보이는 고양이도 있다. 각자 능숙한 사냥 방법이 서로 다르고, 그 차이가 놀이 속에서 취향의 형식으로 드러나기 때문이다.

옛 사람들은 쥐를 잘 잡는 고양이는 '쥐 고양이', 뱀을 잘 잡는 고양이는 '뱀 고양이', 새를 잘 잡는 고양이는 '새 고양이'라고 칭하고는 했는데, 참으로 공감되는 표현이다. 이런저런 놀이를 함께 해나가다 보면 자신의 고양이가 쥐 고양이인지 뱀 고양이인지 새 고양이인지 알아차릴 수 있게 된다. 완벽한 뱀 고양이도 있는가 하면, 쥐 고양이의 성향이 강한 뱀 고양이도 있고, 쥐 고양이와 새 고양이가 반반씩 섞인 성향을 보이는 고양이도 있다.

혼자 놀기는 새끼 고양이 시절의 이야기

고양이가 혼자서 놀 수 있게 만든 고양이 장난감도 시판되고 있지만, 고양이가 혼자서 노는 데 흥미를 가지는 것은 단지 새끼 고양이 시절의 잠깐뿐이다. 혼자서 놀도록 고안된 장난감은 복잡한 움직임이 불가능하며, 성장과 함께 고양이는 보다 더 복잡한 움직임을 추구하게 되기 때문에 혼자서 노는 것으로는 만족할 수 없게 된다.

사람이 흔드는 깃털 막대를 붙잡기 위해서는 상당히 복잡한 움직임이 필요하다. 사람이 흔들기 때문에 깃털 막대는 항상 예상과 벗어난 움직임을 보이고, 그 때문에 고양이는 사람과 함께하는 깃털 막대 놀이를 즐거워한다. 사람과 함께 노는 즐거움을 알게 된 고양이는 더 이상 혼자 놀려고 하지 않는다. 놀고 싶어지면 주인을 놀이에 초대하기 위해 곁으로 다가온다.

내 고양이가
싸움에서 이길 수 있는 방법은?

싸움에서 이긴다는 것은 상대편이 진다는 것과 동일한 말이다. 그러면 진 고양이의 주인도 마찬가지로 '저 집 고양이에게 이기려면 어떻게 해야 할까'라고 생각하기 마련이다. 그래서는 끝이 없다. 허무한 느낌이 들기도 한다.

절대로 싸움에서 지지 않는 방법은 딱 한가지다. 싸움을 하지 않는 것이다. '싸움을 하지 않게 하기 위해서는 어떻게 하는 것이 좋을까'에 대해 생각한다면 해답은 간단하다. 중성화 수술을 시키는 것이다. 중성화 수술을 하면 거친 싸움이 발생할 일이 없어지기 때문이다.

고양이가 싸우는 제일 큰 이유는 자신의 영역에 들어온 침입자를 쫓거나, 암컷을 차지하기 위해 다른 수컷을 쫓아내는 경우다. 하지만 둘 사이에 힘의 격차가 크면 싸움은 일어나지 않는다. 동물들은 예전의 무사들이 그랬던 것처럼 만나자마자 서로의 힘이나 기술에 대해 알아차리기 때문이다. 상대방에게 이길 수 없다고 판단한 고양이가 자연스럽게 물러나게 되므로 싸움으로 번지지 않는다.

실제로 싸움이 일어나는 경우는 서로의 힘이 비슷비슷한 경우, 다시 말하자면 기질이 강한 고양이 두 마리가 비슷한 힘을 가지고 있을 경우다. 체력이 비슷하다면 보다 더 기질이 사나운 고양이가 싸움에서 이기게 된다. 서로 자신이 더 강하다고 울어대며 '입 싸움'을 계속하다가 승부가 나지 않으면 실제의 '몸싸움'으로 돌입하게 된다.

이처럼 호전적인 기질을 계속 유지해나가는 것은 암컷보다는 수컷이다. 하지만 중성화 수술을 마친 수컷은 부드러운 성격으로 바뀐다. 더구나 암컷을 획득하기 위한 투쟁과도 안녕을 고하게 된다. 즉, 거친 몸싸움은 중성화 수술을 받지 않은 수컷들 사이에서 일어난다. 중성화 수술을 해주면 싸울 이유가 없어지게 되므로 싸움에서 질 일도 없어지기 마련이다.

🐾 고양이가 싸우는 이유

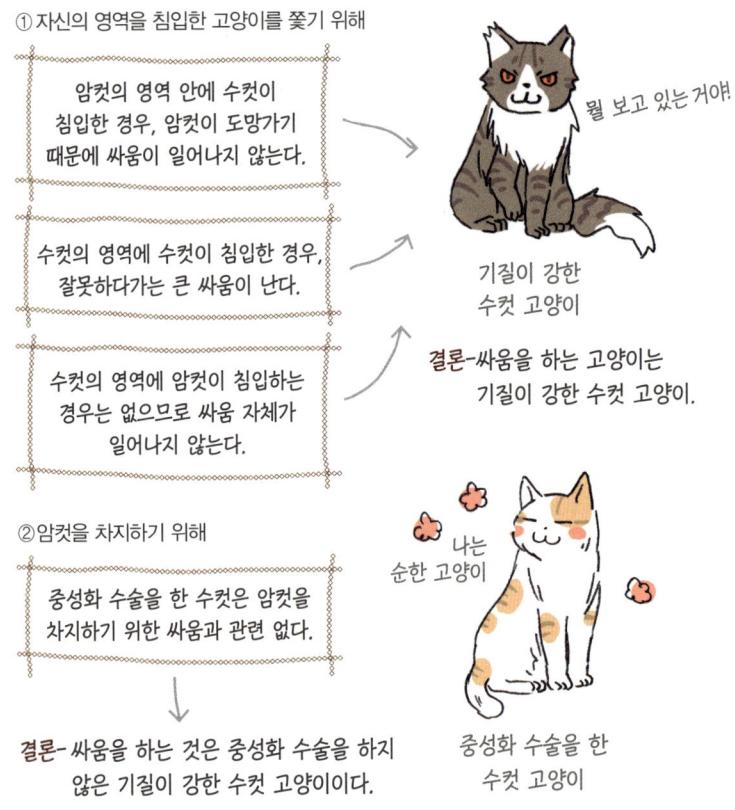

① 자신의 영역을 침입한 고양이를 쫓기 위해

- 암컷의 영역 안에 수컷이 침입한 경우, 암컷이 도망가기 때문에 싸움이 일어나지 않는다.
- 수컷의 영역에 수컷이 침입한 경우, 잘못하다가는 큰 싸움이 난다.
- 수컷의 영역에 암컷이 침입하는 경우는 없으므로 싸움 자체가 일어나지 않는다.

뭘 보고 있는 거야!

기질이 강한 수컷 고양이

결론-싸움을 하는 고양이는 기질이 강한 수컷 고양이.

② 암컷을 차지하기 위해

- 중성화 수술을 한 수컷은 암컷을 차지하기 위한 싸움과 관련 없다.

나는 순한 고양이

결론- 싸움을 하는 것은 중성화 수술을 하지 않은 기질이 강한 수컷 고양이이다.

중성화 수술을 한 수컷 고양이

총 결론-중성화 수술을 한 수컷은 성격이 온화해지기 때문에 싸움을 하지 않는다.

동물에게 중성화 수술은 부자연스러운 것이 아닐까?

서로 싸우지 않도록 거세 수술을 시킨다든지, 더 이상 새끼를 낳지 못하도록 피임 수술을 시킨다든지 하는 일이 자연의 법칙에 반하는 것은 아닌가 생각하는 사람도 많다. 동물은 자연 그대로 살아가야 하는 존재이며, 거세나 피임 수술은 인간의 월권행위라고 생각하는 사람도 많을 것이다.

하지만 고양이는 인류가 만들어낸 반려동물의 하나이지 야생동물은 아니다. 만약 인류가 이 세상에 존재하지 않았다면 고양이 또한 존재하지 않았을 것이다. 또한 인간이 없으면 고양이는 살아갈 수 없는 동물이다. 인류의 존재와는 상관없이 살아가는 야생동물과 인류가 만든 반려동물인 고양이를 같은 기준으로 생각해서는 안 된다.

인류가 만든 반려동물에 대해 우리는 모든 책임을 져야 한다. 사람과 함께 쾌적한 생활을 할 수 있는 방법을 모색해야 할 것이다. 고양이는 야생동물이 아니기 때문에 '자연의 법칙 그대로 살아가야 하는 존재'라는 말도 어울리지 않는다고 할 수 있다. 사람들의 생활 변화와 더불어 고양이의 삶도 변화해가고 있다. 야생동물의 삶에 인류가 인위적인 행동을 가해서는 안 되겠지만, 반려동물의 삶에서는 사람이 관여해야 할 필요가 있다.

피임 수술을 하지 않은 암컷이 자연의 법칙 그대로 번식을 계속한다면

1년에 열 마리 이상의 새끼가 세상에 태어나게 된다. 1년 후 그 새끼 고양이들이 성장해 다시 새끼를 낳고, 그것이 몇 년 동안 반복된다면, 한 마리의 고양이가 100마리로 늘어나는 데 3년도 채 걸리지 않는다. 이렇게 많은 수의 고양이를 키운다는 것은 일반적인 사람으로서는 무리가 따른다. 그렇다고 인간처럼 도구를 이용한 피임도 불가능하기 때문에 피임 수술을 해줄 수밖에 없다. 지금 살아가고 있는 고양이들이 행복하게 살아가게 해주고 보호하기 위해서는 인위적인 산아제한이 필요하다. 암컷 역시 혼자서 100마리의 새끼에 대한 책임을 지는 것은 무리가 따르기 때문에 고양이를 키우는 사람이 새끼를 늘려갈 생각이 없다면 중성화 수술을 해주는 것이 좋다.

  야생동물의 경우에는 태어난 새끼들 대부분이 성장을 마치기 전에 죽게 된다. 이것이 바로 야생 세계의 법칙이다. 사람이 먹이를 준비해준 덕분에 태어난 새끼의 대부분이 무사히 자랄 수 있는 지금의 세계는 이미 자연의 법칙과는 다른 곳이다. 그 전에 이미 인류가 만들어낸 반려동물이라는 존재 자체가 자연의 법칙에 위배된 것이다. 그러므로 자연의 법칙과는 또 다른 기준으로 고양이를 보호할 방법을 생각해야 하다. 그것이 피임과 중성화 수술이라는 인위적인 방법이라 하더라도 결코 틀린 것이 아니다.

고양이는 자신의 성 정체성에 대해 의식하지 못한다

고양이의 성행동은 발정기에만 볼 수 있으며, 이때 말고 자신의 성 정체성을 드러내는 경우는 없다. 이 시기 외에 고양이들은 '성'이라는 것 자체와 전혀 관계없는 생활을 한다. 1년에 세 번 돌아오는 발정기를 전부 더한다고 해도 5개월 정도이므로, 고양이는 1년의 절반 이상을 '성'과 무관한 생활을 한다고 할 수 있다.

피임이나 거세를 시켜주면 발정기가 오지 않아 평화로운 시간이 지속된다. 발정기의 고양이는 본능적으로 교미할 뿐, 교미와 임신, 출산의 인과관계에 대해 당연히 인식하지 못한다. 단순히 본능에 따라 교미하는 행위를 할 뿐이며, 새끼를 가진 고양이는 본능에 따라 출산이라는 행위를 할 뿐이다.

피임 수술이나 거세 수술을 받은 고양이가 자신의 성 정체성에 혼란을 겪는 경우는 전혀 없다. 발정기 이외의 시기에 느끼는 기분이 그대로 이어질 뿐이며, 발정기를 맞은 고양이의 소리가 들려와도 그것에 전혀 흥미를 느끼지 않는다. 새끼 때 그랬던 것처럼 '저게 무슨 소리지?'라고 단지 궁금해할 뿐이다.

사료와 수의학의 발전으로 고양이의 수명이 길어진 반면, 연령과 관계된 병에 걸리기 쉬워졌다. 피임 수술을 받지 않은 암컷의 경우, 생식기에 관련된 병이 많이 걸리는 것도 사실이다. 피임 수술을 하면 오랫동안 건강하게 생활할 수 있다.

거세 수술을 하지 않은 수컷의 경우에는 수컷끼리의 싸움으로 상처를 입거나 감염될 가능성이 크다. 게다가 자신의 냄새를 남기기 위해 가구나 집 안 곳곳에 매우 강한 냄새의 오줌을 뿌리는 행동도 자주 볼 수 있다. 이런 일이 반복되면 고양이를 키우는 사람의 쾌적한 생활은 불가능해지며, 고양이와의 원활한 동거 생활도 어려워진다. 고양이로 인해 즐거움을 느낄 수 있어야만 고양이와의 행복한 생활이 가능하다. 만약 행복한 생활이 가능하지 않으면 고양이를 마지막까지 잘 키울 수 없다는 사실을 잊어서는 안 된다.

피임이나 거세 수술을 한 고양이는 어릴 때의 기분으로 되돌아가며, 사람에게 더욱 사랑스럽게 굴고 살갑게 대한다. 사람과 고양이 간의 유대 관계를 더욱 깊게 만들어준다면, 피임이나 거세 수술을 하는 쪽이 훨씬 더 좋지 않을까? 고양이가 행복한 일생을 보낼 수 있도록 하는 좋은 방법이라고 생각한다.

고양이의 행복한 일생이란?

병에 걸리거나 상처를 입지 않고 건강하게 생활하는 것

주인과의 깊은 유대 관계를 맺는 것

중성화 수술이 이것을 가능하게 하므로 나쁘게 생각할 것은 아니다.

발톱 갈기를 멈추게 할 수는 없을까?

고양이는 항상 날카로운 발톱을 유지하기 위해 매일매일 발톱을 갈며 관리한다. 발톱이 무디면 사냥에 성공하지 못하고, 먹잇감을 움직이지 못하게 누르며 급소를 물기 위해서도 날카로운 발톱이 필요하기 때문이다. 언제든 사용할 수 있게 하기 위해서 고양이는 항상 발톱을 갈아둔다.

그렇다고 의식적으로 발톱을 가는 것은 아니다. 단지 이것은 선조 대대로부터 내려온 본능으로, 발톱이 거칠어지면 본능적으로 갈고 싶어 한다. 즉, 하고 싶다는 욕망을 따른 결과 발톱이 날카로워지게 되는 식이다. 그러므로 발톱을 잘라줘도 고양이는 발톱을 갈고 싶어 한다. 아무리 하지 못하도록 혼내도 고양이는 절대로 그 행동을 멈추지 못한다.

사람이 해줄 수 있는 일은 '발톱 갈기 용품'을 준비해 고양이가 그곳에 발톱을 갈 수 있도록 만들어주는 것이다. 집 안의 그 어떤 것보다 자신의 발톱을 기분 좋게 갈 수 있는 소재로 된 용품을 고르는 것이 포인트다. 그렇게 되면 고양이는 항상 사람이 준비해둔 용품에 발톱을 긁어 갈게 된다. 다양한 소재의 발톱 갈기 용품이 시판되고 있으므로 집 내부의 가구와 다른 소재의 용품을 선택하기 바란다. 가구와 같은 소재의 것을 고르면 고양이는 어느 쪽에 발톱을 갈아야 할지 헷갈려 한다. 몇 가지 소재를 사서 내가 키우는 고양이가 좋아하는 것을 찾아보는 것도 좋다.

발톱 갈기 용품이 닳아서 못쓰게 되었다면 빨리 새것으로 바꿔주는 것이 중요하다. 용품이 무뎌져 발톱이 잘 갈리지 않게 되면 더 기분 좋게 발톱을 갈 수 있는 새로운 것을 찾게 되며, 발톱 갈기 용품보다 가구가 더 마음에 든다면 고양이는 가구에 발톱을 갈기 시작하기 때문이다.

고양이의 발톱 구조

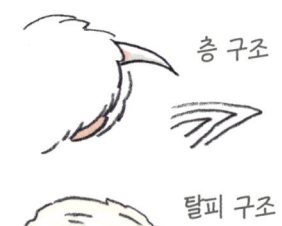

고양이의 발톱은 연필심이 여러 겹 겹쳐진 것 같은 구조로 되어 있다.

발톱 갈기는 가장 바깥의 껍질을 벗겨내기 위한 작업이다.

그러므로 표면이 부드러워 발톱을 잘 찍을 수 있는 재질의 사물에 발톱을 간다.

집에 있는 가구보다 발톱을 갈기 좋은 소재의 발톱 갈기 용품을 구하는 것이 발톱 갈기의 가장 좋은 대책이다.

발톱 갈기로부터 집을 보호할 수 있는 궁리도 중요하다

아무리 다양한 발톱 갈기 용품을 사 와도 가구나 벽에 발톱을 가는 경우가 있다. 이럴 때는 좀 다른 각도에서 궁리해볼 필요가 있다.

벽을 발톱으로 긁는 경우에는 애완용품점에서 판매되고 있는 '발톱 갈기 방지 시트'를 붙이는 것도 하나의 방법이다. 미끌미끌한 시트이기 때문에 발톱으로 찍을 수가 없어 발톱 갈기를 할 수 없게 만든 제품이다. 가능하다면 벽 앞에 무언가 물건을 놓아두어 물리적으로 접근할 수 없게 만들어주는 것도 하나의 방법이다. 그런 후 발톱 갈기 용품을 고양이가 사용할 수 있도록 해주면 된다.

만일 고양이가 미닫이문을 집중적으로 긁는다면, 미닫이문을 아예 떼어버리는 것도 방법이다. 가구도 마찬가지다. 발톱을 갈 수 있는 곳이 없어진다면 고양이도 발톱 갈기 용품에 집중하게 된다. 궁리는 뇌를 움직이게 해주는 좋은 체조이기도 하다. 고양이에게 발톱 갈기를 하지 못하도록 하는 정공법을 생각하는 대신 코페르니쿠스적 전환의 발상을 할 필요도 있다.

여러 방법을 써봤지만 여전히 침대를 긁는 경우, 그렇다고 침대를 치우면 생활이 불편한 경우에는 궁극적인 발상의 전환을 추천한다. 침대를 침대 겸 고양이 발톱 가는 장소라고 생각하는 것이다. 진심으로 그렇게 생각한다면 거꾸로 발톱 갈기에 대한 스트레스로부터 해방될 수 있다. 침대가 고양이 발톱으로 엉망진창이 되었다면, '우리 집 원칙은 고양이 발톱 갈기 용품에 돈을 아끼지 말자는 주의'라 생각하며 다시 구입하면 된다. 꽤 부자가 된 것 같은 기분을 맛볼 수도 있다.

집 안의 물품을 발톱 갈기의 피해로부터 지켜야 한다는 것만 생각하고 있으면, 스트레스만 쌓여 즐겁게 생활할 수 없다. 주인의 이러한 마음은 반드시 고양이에게도 영향을 주며, 고양이 역시 즐거운 기분을 느끼지 못하고 만다. 발상을 전환하여 모두가 행복하게 생활할 수 있다면 그것에 집중하는 것이 더 좋다고 생각한다. 스트레스를 받든 받지 않든 어차피 가구는 엉망이 된다. 마음을 편하게 먹고 생각을 바꾸는 편이 훨씬 더 이득이라 할 수 있다.

발톱 갈기로부터 집을 보호하는 방법

먹을 것을 달라고 조르는 것을 그만두게 하려면?

사람이 먹는 음식을 얻어먹는 것이 습관이 된 고양이에게 그것을 그만두게 하는 일은 대단히 어렵다. 사람이 없는 식탁에 먹을 것을 올려 두지 않는다거나, 식사 중 가족 전원이 식탁에 가까이 둘러앉아 고양이가 들어올 틈을 만들지 않는 식의 방법으로 대처하는 수밖에 없으니, 그다지 평화롭다고는 할 수 없는 풍경이다. 그 때문에 더더욱 처음 고양이를 키울 때부터 제대로 된 습관을 들일 필요가 있다. 처음부터 습관을 잘 들인 고양이는 사람이 먹는 음식을 달라고 조르지 않는다.

습관을 들이는 일은 사실 상당히 단순하다. 처음부터 사람이 먹는 음식을 고양이에게 주지만 않으면 되기 때문이다. 특히 주의해야 할 점은 식사 중에 고양이에게 먹을 것을 주지 않는 것이다. 식사 중에 고양이에게 먹을 것을 하나씩 주기 시작하면 고양이는 식탁 위에 자신을 위한 음식이 있다고 생각한다. 그래서 사람이 있으면 사람에게 먹을 것을 달라고 조르게 되고, 아무도 없으면 스스로 식탁 위에 올라가 음식을 먹게 된다. 즉, 사람이 먹는 음식을 훔쳐 먹는 습관이 생기고 만다.

처음부터 고양이 사료만을 먹고 자란 고양이는 보통 사람의 음식에 대해 흥미를 나타내지 않는다. 예를 들어 생선회가 놓여 있어도 먹으려 들지 않는다. 동물은 유아기에 먹었던 음식을 평생 동안 즐겨 먹는 습성이 있기 때문에, 사료만 먹고 자란 고양이는 생선회에 전혀 관심을 보이지 않는다. 사료만으로 충분할까라는 걱정이 들 수도 있지만, 한 가지 확실한 사실은 처음부터 사료만 먹여 키운 고양이와 함께라면 평화로운 식사 시간을 보낼 수 있다는 사실이다. 물론 손님이 있을 경우에도 편안한 시간을 보낼 수 있다.

사람이 먹는 음식을 탐하지 않도록 하는 교육은 매우 단순하다. 아무것도 할 필요가 없다. 처음부터 사람의 음식을 주지 않으면 되기 때문이다.

전전긍긍의 식탁 풍경

- 식탁에서 먹을 것을 주지 말 것
- 사람의 음식을 주지 말 것

처음부터 이 두 가지 원칙을 지키면 아무런 문제도 없다.

사람이 먹는 음식은 고양이의 건강에 악영향을 미친다

 고양이는 나이가 들수록 신장이 약해지는 경우가 많으며, 이런 경우 동물 병원에 데리고 가면 수의사에게서 사람이 먹는 음식을 주지 말라는 이야기를 듣게 된다. 사람의 입맛에 맞게 간을 맞춘 음식은 고양이가 먹기에 염분이 너무 많아서 점점 더 신장에 부담을 줄 수 있기 때문이다. 하지만 사람의 음식을 받아먹는 습관이 든 고양이의 경우 병원의 지시를 따르기가 무척 어렵다. 자기가 키우는 고양이가 먹고 싶어 하는 모습을 보고 무시할 수 있는 사람은 그리 많지 않기 때문이다. 굳게 마음을 먹고 고양이의 호소를 외면하자니 이번에는 먹고 싶은 것을 보고 참아야 하는 고양이가 불쌍해지기도 한다. 고양이로서는 갑자기 먹을 것을 주지 않는 이유를 이해할 수 없을 것이다. 처음부터 사람의 음식을 주지 않는 습관을 들여놓는다면 고양이의 건강을 위해서도 좋은 일이다.

 사람이 먹는 음식이 가장 맛있을 테니 고양이가 먹고 싶어 하는 것도 당연할 것이라 생각하는 사람도 있다. 하지만 전혀 그렇지 않다. 동물은 모두 제각각 자신의 몸이 필요로 하는 영양소가 다르다. 그리고 자신의 몸에 필요한 영양소를 '맛있다'고 느끼도록 조직되어 있다. 사람이 먹는 음식을 '맛있다'고 느끼는 것은 단지 사람뿐이다.

 고양이는 사람만큼 염분이 필요하지 않다. 그 대신 고양이는 사람보다 더 많은 단백질을 필요로 한다. 이런 것들을 염두에 두고 만들어진 것이 바로 고양이용 사료다. 예전에는 남은 음식물에 된장국을 부어 고양이 밥을 만들어주었고, 그것만으로도 충분했다고 여기는 사람도 있다. 하지만 사람이 먹다 남긴 음식물만으로는 자신의 몸이 필요로 하는 단백질이 부족하기 때문에 밖에서 쥐나 벌레를 잡아먹었던 것이다. 그래서 사냥 실력이 떨어지는 고양이는 영양 부족으로 오래 살지 못했다. 고양이의 건강을 생각해서라도 사람의 음식이 아닌 고양이 사료를 제공해줄 필요가 있다.

사람의 음식은 고양이의 건강을 해친다

고양이가 인간과 같은 음식을 먹는다면……

염분의 섭취가 지나치게 많아진다.
단백질의 섭취가 부족해진다.

사람과 마찬가지로 염분의 과다 섭취는 건강을 악화시킨다.

고양이에는 고양이만의 영양학이 있고, 사람에게는 사람만의 영양학이 있다.
고양이에게 제일 좋은 것은 고양이용 사료!

습식 사료와 건식 사료, 어떤 것이 더 좋을까?

슈퍼마켓의 애완용 사료 판매대를 살펴보면, 다양한 종류의 고양이용 사료가 시판되고 있어 어떤 것을 골라야 할지 모를 경우가 있다. 자신의 고양이에게 맞는 사료를 고르기 위해서는 고양이용 사료에 대한 지식이 필요하다.

고양이용 사료는 크게 종합영양식과 일반식(보조식), 간식으로 나눌 수 있다. 종합영양식은 고양이에게 필요한 모든 영양소가 적당한 수준으로 포함되어 있는 것이며, 일반식 혹은 보조식이라 표기된 사료는 고양이에게 필요한 영양 중 몇 가지 요소가 일정 기준 이상 포함되어 있는 사료다. 다시 말하면 일반식이나 보조식만으로는 영양적으로 불균형할 수 있기에 약간의 주의가 필요하다. 마지막으로 간식이란 말 그대로 주식이 아닌 간식을 의미한다.

물기가 없는 건식 사료는 전부 종합영양식 사료에 포함된다. 캔 사료나 레토르트 제품에는 종합영양식의 것과 일반식의 것이 섞여 있으므로, 사료를 선택할 때 성분 표시를 참고할 필요가 있다. 일반식이나 보통식이라 표시된 사료의 뒷면에는 '종합영양식과 함께 섞어서 줄 것'이라고 표시되어 있으며, 이럴 경우의 종합영양식이란 건식 사료를 말하는 것이라 생각하면 된다.

금전적으로 봤을 때 건식 사료 쪽이 습식 사료보다 훨씬 경제적이다.

건식 사료를 좋아하는 고양이라면 종합영양식 사료와 물만 챙겨주면 영양학적으로 충분하다. 캔 사료나 레토르트 제품밖에 먹지 않는 고양이에게는 종합영양식이라 표시된 것을 선택해줄 필요가 있다. 간식이라고 표시된 것은 어디까지나 간식이므로 주식 대용으로 삼아서는 안 된다.

다양한 맛의 사료가 시판되고 있으므로 각각 다른 맛을 골라 고양이에게 제공해주는 것도 좋다.

고양이용 사료의 분류

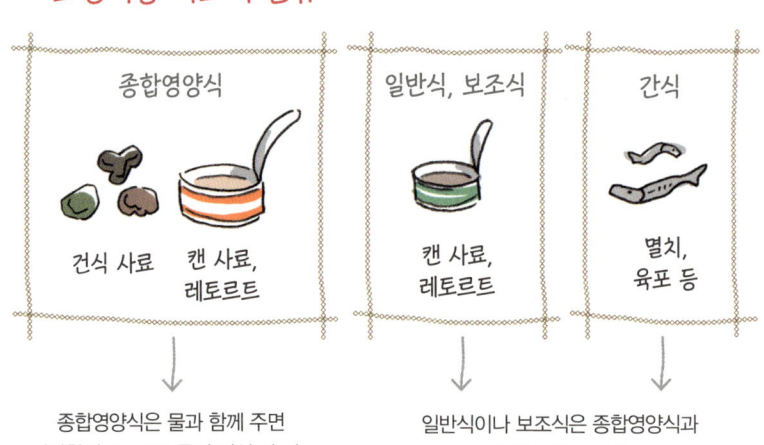

간식이 주식으로 바뀌면 안 된다.

다양한 부가 기능이 있는 사료들

캔 사료나 건식 사료에는 유아식용, 새끼 고양이용, 7세 이상용 등의 내용으로 세세하게 구분되어 있다. 게다가 헤어볼 관리용이나 치석 제거 효과 등 여러 기능이 부가된 사료도 있다. 되도록 다양한 제품을 구비해놓은 가게에서 자신의 고양이에게 적절한 사료를 찾아보는 것이 좋다. 요즘에는 인터넷이나 통신판매로도 사료를 구입할 수 있다.

사람의 눈에 건식 사료는 그다지 맛없어 보이지만, 그것만 좋아하는 고양이도 의외로 많다. 또한 부드러운 습식 사료보다 딱딱한 건식 사료를 먹는 편이 이빨에 음식 찌꺼기가 남지 않아 치주병 예방에도 효과적이다. 건식 사료만 주는 것을 애정 부족으로 생각하는 사람도 있지만, 필요 없는 걱정이다. 중요한 것은 고양이의 취향과 건강이다.

습식 사료는 말 그대로 수분이 많이 포함되어 있어 건식 사료보다 더 빨리 소화된다는 사실도 기억해두자. 의외로 빠른 시간 내에 소화가 되기 때문에 배고픈 고양이가 밥을 달라고 금세 졸라댄다. 그렇다고 한 번에 많은 양을 따서 밥그릇에 부어주는 것도 좋지 않다. 시간이 지나면서 집 안에 사료 냄새가 퍼지기도 하고, 여름에는 위생상으로도 나쁘기 때문이다. 오래 집을 비워야 할 경우를 생각해서라도 습식 사료를 좋아하는 고양이에게 건식 사료를 함께 먹이며 습관을 들여두자. 수분이 거의 없는 건식 사료는 한여름에도 잘 상하지 않아서 많은 양을 꺼내놓아도 안심할 수 있다.

반려동물 사료 판매대를 살펴보면 4분의 3이 고양이용 사료이고, 나머지가 강아지용 사료다. 고양이가 얼마나 까다로운 입맛의 소유자인지 알 수 있을 정도다. 키우는 사람들이 얼마나 고양이를 위하고, 또 다양한 맛의 사료를 찾아 먹이려 노력하는지 느끼게 된다.

밥 달라고 조르는 고양이 때문에
새벽부터 깨는 사람들

이른 새벽, 고양이 밥을 주기 위해 말도 안 되는 시간에 일어나야 한다고 한탄하는 사람들도 있다. 이는 고양이가 밥 달라고 울어대면 언제 어느 때건 밥을 준비해주도록 고양이에게 길들여졌기 때문이다. 고양이는 사람이 길들여야 하는 동물이지 고양이에게 사람이 길들여져서는 안 된다.

저녁밥 주는 시간을 좀 더 뒤로 미룬 다음, 아침에 아무리 고양이가 깨워도 절대 일어나지 말아야 한다. 완벽하게 자는 척하는 것을 3일만 계속한다면, 고양이는 '깨워도 무리'라는 사실을 학습하게 되므로 체내시계도 자연스럽게 조절된다.

고양이는 길들여야 하는 동물. 고양이에게 길들여지면 안 된다!

41

왜 고양이는 *귀엽게 느껴질까?*

개, 토끼, 햄스터도 물론 귀엽다. 하지만 고양이가 가진 귀여움이란 다른 동물들과는 조금 다르다. 고양이를 좋아하는 사람들은 전부 그렇게 생각하고 있지만, 이런 마음을 너무 공공연하게 드러내면 주변 사람들이 '고양이를 좋아하는 사람들은 어딘지 모르게 좀 이상하다'고 생각할 것 같아 잠자코 있는 경우가 많다.

하지만 괜찮다. 과학적으로 생각해서도 고양이는 다른 동물과 비교해 귀여움의 요소가 더 많은 동물이기 때문이다. 다른 반려동물과는 색다른 귀여움을 가득 지닌 동물이 바로 고양이다. 왜 고양이는 귀여울까? 이 질문에 대해 본격적으로 생각해보도록 하자.

어느 동물학자의 말에 따르면 포유류와 조류의 새끼는 '귀여움의 조건'을 만족시킨 상태에서 태어난다고 한다. 여기서 말하는 '귀여움의 조건'이란 ① 작고, ② 둥글둥글하고, ③ 부드럽고, ④ 따뜻하다라는 네 가지 조건이다.

이 조건이 시시하다고 생각되는 분은 머릿속에 포유류나 조류의 새끼 모습을 떠올려보기 바란다. 어떤 동물이든 상관없다. 강아지, 새끼 토끼, 새끼 염소, 새끼 오리, 새끼 두루미……. 포유류와 조류의 모든 새끼는 ①작고, ②몸이 전체적으로 둥글둥글 통통하고, ③폭신한 털이나 깃털로 부드럽고, ④어른보다 체온이 높아 만지면 더 따뜻하다는 공통점이 있다. 귀여움의 조건을 모두 만족시키고 있으며 실제로 봤을 때도 흠잡을 데 없이 귀여운 존재들이다.

  새끼 고양이 역시 위와 같은 귀여움의 조건을 충족시킨 상태에서 태어나며, 특유의 귀염성을 가지고 있다. 게다가 고양이는 다 크고 난 후에도 '작고 둥글둥글하고 부드럽고 따뜻하다'는 귀여움의 4대 조건을 여전히 유지하고 있어 새끼가 지니는 귀여움을 늙어서까지 간직한다. 그렇기 때문에 더욱 고양이가 귀엽게 느껴지는 것이다.

🐾 귀여움의 조건

포유류와 조류의 새끼들에게는 그들 특유의 귀여움이 있다.

① 작다
② 둥글둥글하다
③ 부드럽다
④ 따뜻하다

위의 네 가지 조건을 모두 만족하면 사람들은 흠잡을 데 없이 귀엽다고 느낀다.

사람의 입장에서 보면 다 큰 고양이도 위와 같은 '귀여움의 조건'을 모두 만족시키고 있다.

귀여워!

같은 포유류이기 때문에 고양이가 더 귀엽게 느껴진다

포유류와 조류의 새끼가 '귀여움의 조건'을 충족시켜 태어나는 것은 왜일까? 그들은 부모가 보살펴주지 않으면 제대로 자랄 수 없다. 파충류나 어류의 경우 대개 알을 낳고 나면 더 이상 보살펴주지 않으며, 그래도 그 새끼들은 잘 자란다. 하지만 포유류와 조류의 새끼들은 부모의 보호를 받지 못하면 죽고 만다. 포유류와 조류에서 찾아볼 수 있는 '귀여움의 조건'은 부모가 새끼를 보호해주기를 유도하고자 하는 일종의 신호라고도 할 수 있다. 즉, '나 귀엽죠? 돌봐주고 싶어지죠?'라며 새끼가 내보내는 신호인 셈이다.

포유류나 조류는 이러한 신호에 반응하도록 신경 체계가 조직되어 있다. 너무 귀여운 나머지 그 존재에 손을 뻗고 보살펴주고 싶은 마음이 생기도록 하는 작용이 일어나고 있는 것이다. 포유류인 인간 역시 귀여움의 조건을 만족시켜 태어나게 된다. 마찬가지로 성인은 그러한 조건에 반응한다. 어리고 약한 존재를 돌봐주고 싶어 하는 이런 기분을 '모성 본능'이라 표현한다. 모성 본능은 여성만이 가진 감정 상태는 아니며, 남성에게도 존재한다. 단지 출산을 경험한 여성에게 이 모성 본능이 특히 더 강하게 표현될 뿐이다.

이런 연유로 인간은 포유류와 조류가 가진 귀여움의 조건에 마찬가지로 반응하게 되며, 누구나 포유류와 조류의 새끼를 보면 귀엽다고 느끼게 된다. 개가 고양이의 새끼를 키우는 경우도 있는데, 이럴 경우 역시 개가 고양이 새끼가 지닌 귀여움의 조건에 반응했기 때문에 가능한 일이다. 사람들이 고양이에게 다른 존재와 조금 다른 귀여움을 느끼는 것도 우리가 고양이와 마찬가지로 포유류이기 때문이다. 고양이가 지닌 귀여움의 요소가 포유류의 모성 본능을 불러일으키기 때문이라 할 수 있다.

마음껏 사랑해주자

'맹목적으로 귀여워함'을 사전에서 찾아보면, '고양이를 귀여워하듯 모든 것을 다 받아주며 사랑하는 것'이라고 설명되어 있다. 사전에 이런 식으로 설명된 것을 보면, 옛날부터 사람들은 고양이를 무척 귀여워했나 보다. 고양이에게서 느낄 수 있는 '유아적인 귀여움'을 생각해보면 그럴 법하다는 생각도 든다. 아기에게 말할 때처럼 귀여운 말투로 말을 걸며 끌어안고 볼을 비비기도 한다. 만약 아무도 보지 않는다면 남자들도 분명 이와 같은 행동을 하리라 생각된다.

고양이는 인간처럼 사회생활을 할 필요가 없는 동물이므로 맹목적으로 귀여워하며 키워도 괜찮다. 본능이 이끄는 대로 마음껏 사랑해주며, 고양이와의 생활을 즐기도록 하자.

여러 마리를 함께
잘 키울 수 있는 방법은?

고양이는 원래 단독 생활을 하는 동물이지만, 먹이가 충분한 환경이라면 여러 마리가 함께 생활하는 것도 충분히 가능하다. 집고양이가 성장한 후에도 자신을 새끼 고양이라고 여기는 습성 역시 여러 마리를 함께 키우는 것이 가능한 이유의 하나다.

여러 마리 고양이를 함께 키울 때는 주의해야 할 점이 약간 있다. 우선 한 마리를 키우고 있는 도중 새로운 고양이가 합류했을 경우를 보자. 이럴 경우 각자의 고양이가 어떤 어린 시절을 보냈느냐에 따라 사이좋게 지낼 수 있는지 없는지가 결정된다. 새끼 고양이 때 다른 고양이와 함께 생활해본 경험이 적은 고양이는 다른 고양이를 받아들이지 않는 경우도 있기 때문이다. 자기 이외에 다른 고양이가 있다는 사실만으로도 큰 스트레스를 받기도 한다. 그 고양이가 어떤 어린 시절을 보냈는지 알지 못하는 경우에는 고양이를 빌려줄 수 있는 사람에게 양해를 구한 후 2~3일 정도 고양이를 얻어와 시험 기간을 거쳐보는 것도 좋은 방법이다.

만약 두세 마리의 고양이를 한꺼번에 키울 예정이라면 처음부터 함께 키우는 것이 제일 확실한 방법이다. 고양이는 성장과 함께 서로 사이가 좋아졌다가 나빠졌다가를 계속해서 반복하는 동물이므로, 사람의 기준에서 사이좋게 지내기를 강요하지 않는 것이 제일 중요하다. 혼자 있고 싶어 할 경우를 대비해 여러 장소에 고양이가 잠잘 곳을 만들어줄 필요도 있다. 고양이 수 두 배가량의 취침 장소를 만들어둔 후, 각자 마음에 드는 곳을 고를 수 있도록 해준다. 높이 차이가 있는 장소에 잠자리를 만들어두는 것도 좋다. 이렇게 하면 각각의 고양이가 서로 자신이 좋아하는 잠자리를 선택하는 데 도움이 된다. 기질이 강한 고양이일수록 높은 곳을 선택하기 때문에 잠자리를 둘러싸고 벌이는 경쟁을 막을 수 있다.

하지만 싸움을 하지 않는다고 꼭 사이가 좋다고만은 할 수 없다. 서로 무시한 채 지내다가 서로 조금씩 양보하는 고양이들도 있으므로, 여러 마리를 함께 기를 경우에는 각자의 상태를 잘 관찰해보는 것이 중요하다. 만약 다른 고양이의 존재로 스트레스를 받는 고양이가 있다면 1층과 2층으로 나누어놓는다거나 전용 고양이 집을 만들어주어 때때로 자신만의 '별실'에서 편안하게 지낼 수 있도록 하는 궁리도 필요하다.

여러 마리가 함께 생활할 때의 심리

마리 수에 따라 키우는 즐거움도 서로 다르다

고양이를 한 마리만 키울 때와 두 마리 이상 키울 때 느끼는 즐거움은 서로 다르다. 몇 마리를 키우든 나름대로의 재미가 있으므로 고양이를 키울 사람이 고양이와 어떤 식의 관계를 원하는지 그 취향에 맞춰 결정하면 된다.

혼자서 주인과 함께 생활한 고양이는 자신의 감정 전부를 주인에게 드러낸다. 가끔은 어미 고양이처럼, 때로는 형제 고양이처럼 주인을 생각하기 때문에 고양이는 거의 대부분의 시간을 주인과 함께 보내고 싶어 한다. 고양이와 밀착된 관계를 원하는 사람은 한 마리만 키우는 것이 더 적합하다. 하지만 집을 비워야 할 경우 혼자 있는 고양이가 걱정되어 신경 쓰일 수도 있다. 이런 점을 고려한다면, 외부 생활이 짧아 고양이와 지낼 수 있는 시간이 긴 사람이나 항상 집에 사람이 있는 가정에 적합하다고 할 수 있다.

한편 지나치게 고양이에게 매이지 않고 편안하게 외출하고 싶은 사람의 경우에는 두 마리 이상의 고양이를 함께 키우는 것을 추천한다. 사람이 없어도 고양이들끼리 즐겁게 지낼 수 있으리라는 생각에 보다 편한 기분으로 집을 비울 수 있는 장점이 있다. 하지만 이럴 경우 고양이와 사람과의 관계는 약간 달라진다. 고양이끼리의 교류가 제일 우선되며, 주인과의 관계는 부차적인 분위기로 형성된다. 그 대신 고양이들끼리의 관계에 대한 관찰이 가능하므로, 고양이와 다소 거리를 둔 관계를 유지하고 싶은 사람이나 고양이 사회에 흥미가 있는 사람은 여러 마리를 함께 키우는 것이 좋다.

마지막으로 여러 마리 고양이를 함께 키울 경우, 자신이 몇 마리의 고양이까지 완벽하게 보살필 수 있을지 고려해보는 것이 중요하다. 단지 좋아한다는 이유만으로 되는대로 계속 수를 늘려가다가는 결국 자신이 키우는 모든 고양이를 불행하게 만들 수 있다는 사실을 절대 잊어서는 안 된다.

고양이 수에 따라 변화되는 고양이와의 관계

한 마리만 키울 경우, 항상 고양이와 친밀한 관계를 유지하게 된다.

고양이 혼자 두고 외출하기가 걱정되는 사람은 두 마리 이상의 고양이를 키우는 것이 좋다.

고양이들 사이의 관계에 흥미가 있는 사람은 세 마리 이상 키워보는 것도 좋다.

하지만 자신이 몇 마리까지 제대로 키울 수 있을지 고려해보는 것이 중요하다.

꼭 목욕을 시켜줘야 할까?

털이 긴 종류의 고양이는 정기적으로 목욕시켜줄 필요가 있지만, 짧은 털의 고양이는 기본적으로 그럴 필요가 없다. 털 고르기로 충분히 자신의 몸을 청결하게 유지하기 때문이다.

모든 동물들은 각자 자신의 몸을 청결하게 유지하기 위한 대책을 가지고 있다. 그렇지 않으면 건강을 해쳐 살아남기가 힘들기 때문이다. 예를 들어 멧돼지는 진흙탕에서 뒹굴며 자기 몸에 진흙을 묻힌 후, 마른 진흙과 함께 피부의 기생충을 떨어뜨린다. 원숭이는 손가락으로 털을 꼼꼼히 고르며 비듬이나 벌레 등을 골라낸다. 참새는 모래 위에서 날개를 파닥거리며 날개 사이사이에 모래를 끼얹어 그 속의 기생충을 떨어뜨린다. 사람은 몸을 씻어 깨끗하게 유지하며, 고양이는 혀로 몸을 핥아 깨끗하게 한다.

동물들은 자신들이 편안할 때 각자의 방법으로 털이나 깃털을 고르며 청결을 유지한다. 이와 같은 행동이 불가능한 동물은 병에 걸릴 위험이 높다.

털이 긴 종류의 고양이는 품종개량에 의해 원래의 털 길이보다 더 털이 길어진 경우가 많다. 하지만 고양이가 본래 가지고 있는 털 고르기 능력은 선조로부터 물려받아 내려오는 것이므로 지금처럼 털이 길어진 경우, 자신만의 능력으로는 완벽하게 털 고르기를 할 수 없다. 그렇기 때문에 이럴 경우 사람이 고양이의 청결 유지를 도와줄 필요가 있다.

털이 긴 고양이의 경우 털이 엉키고 뭉칠 수 있기 때문에 매일 빗질해 주어야 한다. 털이 쉽게 지저분해질 수 있으므로 정기적인 목욕도 필요하다.

하지만 털이 짧은 고양이라면 이 모든 과정을 고양이에게 맡겨도 충분하다. 건강한 고양이의 몸에서는 체취도 거의 나지 않는다.

동물들의 청결 유지

동물들에게는 각자 자신의 몸을 깨끗하게 하는 방법이 있다.

고양이는 혀로 몸을 핥아 청결을 유지한다.

털이 긴 고양이는 자신의 힘만으로는 몸을 깨끗하게 유지할 수 없다. 정기적인 빗질과 목욕이 필요하다.

털이 긴 고양이는 돌연변이로 탄생했다

　털이 긴 고양이 품종의 기원에 대해 확실히 밝혀진 것은 없지만, 중앙아시아에서 자연 발생적으로 탄생된 품종이라는 설이 가장 유력하다. 돌연변이에 의해 털이 긴 고양이가 태어났고, 그 유전자를 가진 고양이가 조금씩 늘어가게 되었으며 16세기 중반 무렵 유럽에 확산된 것으로 추정된다.

　자연계에서 돌연변이로 형질이 변한 품종이 태어나는 경우는 종종 있지만, 야생의 생활에 적응하는 데 불리한 점이 많아 대부분의 경우에는 자연 소멸된다. 예를 들어 어두컴컴한 수에서 생활하는 동물 중 온몸이 흰색 털로 뒤덮인 새끼가 돌연변이로 태어나게 되면, 흰색 털이 눈에 잘 띄기 때문에 다른 동물에게 잡아먹힐 위험이 더 크다. 자신의 종족을 남길 가능성이 매우 낮기 때문에 돌연변이의 유전자는 자연적으로 소멸되는 것이다.

　그러나 고양이의 경우, 돌연변이종이 살아남아 자신의 자손을 남기는 일이 가능하다. 사람의 곁에서 생활하는 덕택에 돌연변이종이 가진 대부분의 약점이 보호될 수 있기 때문이다. 천적으로부터 보호받는 것은 물론, 사냥에 불리한 형질로 태어났어도 사람이 먹이를 제공해준다면 살아남을 수 있으며, 자신의 자손을 남기는 것도 가능해진다.

　사람들은 털이 긴 품종의 개량을 계속해왔고, 페르시아고양이Persia Cat를 비롯한 다양한 품종을 만들어냈다. 20세기 후반 이후부터는 같은 식으로 돌연변이를 일으켜 태어난 고양이를 기본으로 한 품종이 더 많이 만들어졌다. 귀가 앞으로 처진 스코티시폴드Scottish Fold, 반대로 귀가 뒤로 넘어가는 아메리칸컬American curl, 털이 거의 없는 스핑크스Sphynx, 다리가 매우 짧은 먼치킨Munchkin Cat 등이 그런 품종들이다.

현재 고양이의 품종은 약 40종 정도이며, 앞으로도 계속 돌연변이를 바탕으로 새로운 품종이 태어날 것으로 보인다.

🐾 돌연변이를 바탕으로 만들어진 고양이 품종

앞으로 접히는
귀와 둥근 몸체

스코티쉬 폴드
1966년 미국에서 태어난 돌연변이를
바탕으로 만들어진 품종.

아메리칸 컬
1981년 미국에서 발견된
품종을 바탕으로 만들어졌다.

귀가 바깥쪽으로
둥글게 말려있다.

털이 없음.
수염도 없음.

스핑크스
1978년 캐나다에서 태어난 돌연변이를
바탕으로 만들어진 품종.

먼치킨
1983년 미국에서 발견된 고양이를
바탕으로 만들어진 품종.

다리가 짧음.

44 고양이 교육 비결은?

고양이와 개의 교육은 기본적으로 전혀 다르다. 개를 가르칠 때는 상황에 맞게 칭찬과 벌을 병행하며 개 스스로 주인에게 칭찬받는 행동을 하게끔 만드는 방식이다. 하지만 고양이는 주인에게 칭찬받는다는 것 자체에 대한 의식이 없으므로 이와 같은 방법은 전혀 효과가 없다.

또 개에게는 몇 가지 금지 조항이 있지만 고양이에게는 기본적으로 그럴 만한 사항이 없어, 주인의 취향에 따라갈 뿐 꼭 시켜야 하는 교육이 존재하는 것은 아니다. 앞서 설명했듯, 고양이가 사람의 손에 달려드는 것은 같이 놀자고 하는 의사 표시이므로 함께 놀아주어야 한다. 물건을 긁는 행동을 할 때는 고양이가 좋아하는 발톱 긁기 용품을 찾아주면 쉽게 해결할 수 있다. 이제 남은 문제는 고양이가 올라가지 말아야 할 곳에 뛰어올라갈 때, 그것에 대처할 수 있는 방법에 대한 것이다.

식탁 등 고양이가 올라가지 말아야 할 곳을 교육시키는 방법의 기본은 '올라가지 않는 습관'을 들이는 것이다. 고양이는 원래 행동에 미묘한 반복성을 가진 동물로서, 한번 '올라가지 않는 습관'을 들이면 의외로 그것이 오래도록 계속된다. 경우에 따라서는 평생 그 행동을 다시 하지 않기도 한다.

올라가지 말아야 할 곳에 고양이가 올라가려고 하는 순간 큰 소리를 지르거나 주변의 물건으로 요란한 소리를 내어 고양이를 놀라게 해서 그 행동을 중지시키는 방법을 써보도록 하자. 이 경우 큰 소리를 내는 이유는 고양이를 혼내기 위한 것이 아니라 어디까지나 고양이의 행동을 중단시키기 위한 방편이다. 고양이가 올라가고 난 후 아무리 혼을 내도 의미가 없다. 올라간 고양이를 땅에 다시 내려놓아도 마찬가지로 고양이는 그 의미를 이해하지 못한다. 올라가기 전에 올라가지 못하도록 하는 것이 핵심이다.

식탁 같은 곳에 올라가려고 할 때마다 깜짝 놀라게 된다면, 고양이는 '여기만 올라가려고 하면 기분 나쁜 일이 생긴다'고 생각하게 되므로 머지않아 올라가고자 하는 습관이 사라지게 된다.

절대 때려서는 안 된다. 고양이는 자신이 한 행동과 인간의 행동을 연결시켜 생각할 수 없으므로, 단순히 인간에 대한 악감정만 쌓이게 될 뿐이다. 올라가지 않는 습관을 확실하게 들이기 위해서는 2~3일간 지속해서 이와 같은 교육을 반복시킬 필요가 있다. 이 기간 사이 한 번이라도 자신이 원하는 곳에 올라가게 되면 '올라가도 기분 나쁜 일이 생기지 않는다' 혹은 '사람이 옆에 있을 때만 기분 나쁜 일이 생긴다'고 고양이가 생각하게 되므로 제대로 된 습관을 들일 수가 없게 된다.

🐾 올라가지 못하게 하는 방법

고양이가 올라가려고 할 때마다 커다란 소리가 들리게 되면 결국 고양이는 그곳에 올라가기를 포기하고 올라가지 않는 습관이 들게 된다.

고양이 교육은 즐거운 지혜 대결

혼내면 단순히 그 사람을 무서워하고, 칭찬해주거나 쓰다듬어주면 단순히 자신을 귀여워해준다고 생각하는 고양이의 교육을 위해서는, 해서는 안 되는 일을 하지 않도록 습관을 들이는 것은 물론, 그런 행동을 못하도록 아이디어를 내는 일도 중요하다.

만약 고양이가 올라가서는 안 되는 선반이 있을 경우, 무엇보다 먼저 해야 할 일은 고양이가 왜 그 선반에 올라가고 싶어 하는지에 대해 생각해보는 것이다. 대부분의 경우 선반에 고양이가 올라갈 만한 공간이 있고, 또 선반까지 접근할 수 있기 때문에 고양이는 그러한 행동을 보일 것이다.

선반 위에 물건을 잔뜩 놓아두어 고양이가 올라갈 공간이 없어지게 해두면 더 이상 고양이는 그곳에 올라가려고 하지도 않고, 실제로 올라갈 수도 없다. 고양이가 밑에서 올려다보았을 때, 자신이 올라갈 공간이 없다는 것을 알 수 있도록 물건을 놓아두는 것이 중요하다.

또 고양이가 어떤 통로를 이용해 선반에 올라가는지 관찰한 후, 더 이상 접근하지 못하도록 그 경로를 막는 것도 한 방법이다. 그런데도 고양이가 또 다른 경로를 찾아낸다면 다시 또 그 경로를 차단한다. '이렇게 하면 고양이가 어떤 반응을 보일까' 이런저런 궁리를 해가며 다양한 방법으로 시도해보기 바란다.

고양이의 교육은 한마디로 궁리와 시행착오, 끈기와 노력의 과정이라 할 수 있다. 고양이와 지혜를 겨루는 놀이라고도 할 수 있으며, 이와 같은 과정을 즐기는 자세가 제일 중요하다. 교육을 위한 이런저런 시행착오는 고양이와의 커뮤니케이션 과정이라고 할 수 있기 때문이다. 시행착오를 통해 고양이와 서로 대화하고 있는 것과 마찬가지다. 이런 과정을 통해 자신의 고양이가 가진 개성을 찾을 수 있으며, 고양이와의 생활이 더욱 즐거워질 것이라 생각한다.

고양이 교육은 지혜 대결

45

사람이 껴안는 것을 싫어하는 고양이의 습관을 고치려면?

고양이는 각자 성격이 다양하다. 사람이 껴안는 것을 좋아하는 고양이가 있는가 하면 그렇지 않은 고양이도 있다. 아무리 고양이의 의사를 존중하고 싶어도, 고양이를 만질 때마다 싫어하며 앞발로 밀어낸다면 어쩐지 쓸쓸한 기분이 들기도 한다. 가끔은 고양이를 안아보고 싶은 나머지 '안는 것을 싫어하는 안 좋은 습관을 어떻게 고칠까'라며, 흡사 고양이의 이런 행동이 나쁜 행동인 듯 투덜거리기도 한다. 하지만 고양이의 기분을 존중해주고자 한다면, '껴안는 것을 좋아하는 고양이로 바꿀 수 있는 방법은 무얼까'라고 부드럽게 말하는 것이 더 좋다고 생각한다.

물론 방법은 있다. 사람이 껴안는다든가 만지는 것을 싫어하는 고양이 중에서도 자신이 사람을 만지는 것에는 저항감이 없는 고양이도 많기 때문이다. 이러한 고양이의 특성을 잘 이용해보도록 하자.

추운 겨울, 난방을 끄고 소파나 바닥에 앉아 기다린다. 바닥에 앉을 경우에는 방석을 이용한다. 그렇게 조금만 기다리면, 따뜻한 곳에서 낮잠을 자고 싶어진 고양이가 무릎 위로 올라오게 된다. 고양이는 따뜻한 장소나 시원한 장소를 찾아내는 능력이 뛰어난 동물이다.

고양이가 무릎 위에 올라탔다 하더라도 섣불리 손으로 만지면 안 된다. 일단 고양이가 하고 싶은 대로 내버려둔 채 기다리다 보면 슬슬 고양이가 잠이 든다. 그러면 고양이를 만져도 괜찮으니 고양이를 안았을 때의 기분을 만끽하기 바란다. 갑자기 고양이가 눈을 뜨면 손을 떼고 만지지 않은 척해야 한다.

    매일 반복하다 보면 점차 사람이 자신의 몸을 만지는 것에 익숙해지므로 결국 사람의 품에 안기는 것도 가능해진다. 그렇게 되는 데 몇 년이 걸릴 수도 있다고 느긋한 마음을 갖는 것이 중요하다. 조급하게 생각하면 그만큼 더 힘들어진다. 특히 감기에 걸리지 않도록 조심하며 고양이와의 거리를 좁혀나가기 바란다.

고양이와의 거리를 좁히는 방법

겨울, 난방을 끄고 앉아서 기다린다.

고양이는 따뜻한 곳을 찾아
사람에게 다가와 무릎 위에 앉는다.

고양이가 잠들면 만져도 좋다.
이런 식으로 점차 사람의 손길에
익숙해지도록 만든다.
고양이가 사람의 품에 편안하게
안기는 데는 몇 년이 걸릴 수도 있다.
느긋한 마음으로 도전해보는 것이 중요!

안아달라고 졸라서 곤란한 경우

그러고 보면 사람이란 참 다양한 성격을 가지고 있다. 고양이가 안는 것을 싫어해서 서운해하는 사람이 있는가 하면, 고양이가 안아달라고 너무 졸라서 곤란하다는 사람도 있으니 말이다. 실제로 주인의 얼굴을 볼 때마다 안아달라고 조르는 고양이도 있기 때문에 포대기로 고양이를 안아줘야 하는 것은 아닌지 진지하게 고민하는 사람도 있을 정도다.

항상 안아달라 졸라대는 고양이 때문에 불편을 겪고 있다면, 우선 더운 여름날 냉방을 끌 필요가 있다. 고양이란 자신이 원하는 식으로 행동하는 동물이기 때문에 아무리 안아달라 졸라대는 고양이라도 더운 여름날에는 안기는 것을 싫어한다. 사람의 체온 때문에 더 덥기 때문이다. 냉방을 끄고 있으면 고양이는 스스로 시원한 곳을 찾은 후 그곳에서 긴 시간을 보낸다. 하지만 다시 냉방 장치를 켜면 또다시 따스함을 찾아 사람에게 다가오게 된다.

겨울에는 햇빛이 잘 드는 곳에 고양이의 잠자리를 마련해주거나, 방 안에 전기장판을 켜두면 된다. 고양이는 주인 따위 안중에 두지 않은 채, 따뜻한 침대 속이나 전기장판 위에서 잠을 잘 것이다. 사람은 자주 움직이므로 그 무릎 위에서 편안하게 잠자지 못한다고 생각하는 고양이는 해가 잘 들어 따뜻한 잠자리나 전기장판을 더 선호하게 된다. 이런 면만 보아도 고양이는 아주 현실적인 동물이다.

그런데도 낮잠에서 깬 고양이는 다시 주인에게 다가와 안아달라고 졸라대기도 한다. 이때 5분 정도 안아주고 나면 만족해서 다시 자신이 편하게 지낼 수 있는 따뜻한 곳으로 돌아간다. 고양이에게 제대로 이용당하고 있다는 생각이 들 때도 있지만, 자유롭게 움직일 수 있는 시간은 확실히 늘어나므로 불만은 전혀 없다.

덥지도 않고 춥지도 않은 계절에는 응석받이 고양이의 '안아줘 공격'을 마음 편히 받아주도록 하자. 이 정도라면 안아주는 것 역시 즐길 수 있는 수준일 것이다.

🐾 '안아줘 공격'에서 벗어날 수 있는 방법

더울 때 냉방을 켜지 않으면 고양이도 안기는 것을 싫어한다.

바닥이 더 시원해.

겨울, 이리저리 움직이는 주인의 품보다 편안히 잠들 수 있는 따뜻한 장소를 더 선호하게 된다. 가끔씩 깨어나 안아달라 조르면 잠깐씩 안아준다.

봄가을에는 마음 편히 안아준다.

고양이를 집에 혼자 두는 것은 며칠까지 가능할까?

고양이를 키우기 때문에 가족 여행을 떠나는 것은 무리일 거라고 처음부터 포기하는 분들도 많지만, 전혀 그렇지 않다. 방법만 찾아낸다면 고양이 혼자 집에 남겨두고 여행을 떠나는 일도 충분히 가능하다.

2박 3일 정도라면 고양이 혼자 집에서 지내는 데는 전혀 무리가 없다. 먹이와 물, 그리고 배변 장소만 잘 준비해둔다면 괜찮다.

고양이 먹이는 자동으로 사료를 제공해주는 기계를 이용하면 편리하다. 몇 끼분의 사료를 따로따로 넣고 타이머에 맞춰 각각의 뚜껑이 열리도록 된 기계도 시판되고 있다. 보냉 기능도 붙어 있기 때문에 습식 사료를 넣어두는 것도 가능하다. 마실 물은 고양이가 물그릇을 엎을 경우를 대비해 용기의 수를 좀 더 늘려주는 것이 좋다.

배변 시트는 집을 비울 동안의 사용 매수를 고려해 충분히 깔아준다. 배변 시트가 더러워지면 다른 곳에서 볼일을 보기도 하기 때문에 다소 많은 양의 매트를 준비해두는 것이 더 좋다.

그다음에 필요한 것은 실내 온도에 대한 배려다. 특히 여름에는 더 세심한 주의가 필요하다. 밀폐된 방 안은 뜨거운 기온과 높은 습도 때문에 뜨거운 목욕탕처럼 변할 수 있다. 실내에서 생활하는 고양이의 경우 밀폐된 방 안에서 도망치지 못하고 최악의 사태까지 일어날 수 있으므로, 에어컨 등 냉방 기구를 켜두고 나오는 편이 좋다. 겨울인 경우에는 파고들어 잠잘 수 있는 따뜻한 장소를 만들어주기만 하면 별다른 문제는 없다.

마지막으로는 고양이가 혼자 장난치며 놀다가 다칠 수 있는 물건은 치워두고, 반대로 가지고 놀아도 되는 물건을 꺼내둔다. 고양이가 지루해하지 않도록 하는 배려도 중요하다.

편안하고 즐거운 여행을 즐기기 바란다. 만족스러운 여행에서 돌아오고 나면 고양이가 더 사랑스럽게 보일 것이다.

집을 비울 때 준비해야 할 것들

장기간 집을 비울 때는 다른 사람에게 부탁하라

　물리적으로 봤을 때, 고양이 혼자 3박 4일 정도 지내는 것도 가능한 일이기는 하지만, 고양이에게 다소 미안한 마음이 든다. 3박 이상 집을 비울 경우에는 다른 방법을 찾아보도록 하자.

　고양이는 자신의 영역 밖으로 나가면 불안해하는 동물이기 때문에 반려동물 호텔에 맡기는 것보다는 누군가 부탁할 만한 사람에게 집에 와달라고 요청하는 편이 더 좋다. 이렇게 하는 편이 고양이의 긴장을 누그러뜨릴 수 있어, 낯선 사람에 대해서도 편안하게 대할 수 있다.

　반려동물을 돌봐주는 '펫시터'에게 의뢰해 집이 비었을 때 고양이에게 필요한 일을 부탁할 수도 있다. 집 열쇠를 맡겨야 하는 상황이므로 신용할 수 있는 사람에게 부탁하는 것이 중요하다. 결정하기 전에 직접 만나서 자신의 고양이에게 필요한 사항을 전달하는 것이 좋다. 반려동물을 보살피는 것은 물론 우편물이나 택배를 대신 받아주는 서비스도 해주므로 편리하다. 단, 펫시터의 도움을 받기 위해서는 사전에 고양이에게 예방 접종을 해두어야 한다는 조건 사항이 있다. 여러 집을 방문해 다양한 동물을 보살피는 직업의 성격상 질병이 옮을 가능성이 있기 때문이다. 펫시터는 전화번호부나 인터넷을 이용해 찾을 수 있으며, 정해진 요금 이외에 교통비도 지급해야 하므로 가능하면 가까운 곳에 사는 사람을 찾는 편이 좋다.

　그 밖에 고양이를 좋아하는 친구에게 부탁하는 방법도 있다. 친구일 경우 마음 편하게 부탁할 수 있다는 것이 장점인 반면, 이것저것 세세한 것들을 부탁하기가 쉽지 않다는 단점도 있을 수 있다. 이럴 경우에는 친구에게 아르바이트비를 지급하며 확실하게 해두는 편이 부탁하는 사람도 부탁받는 사람도 모두 다 편할 수 있는 방법이다. 필요한 사항을 메모

해두는 것도 중요하다. 자신이 집을 비웠을 때를 대비한 '고양이 보살피기 노트'를 만들어두는 것도 좋다.

장기간 집을 비울 경우

47

고양이가 사람에게
옮길 수 있는 질병은?

세균이나 바이러스, 기생충 등 병원미생물이 체내로 침입해 일으키는 병을 감염증이라고 한다. 감염증의 병원체가 되는 미생물은 우리 주변에 많이 있다. 그렇다고 모든 동물이 공통적으로 모든 병원체에 감염되는 것은 아니다. 미생물에 따라 그 미생물들이 살 수 있는 환경이 서로 다르기 때문이다. 물고기는 물속에서밖에 살 수 없고 두더지는 땅속에서밖에 살 수 없는 것과 마찬가지로 각자의 병원체에게 적합한 서식환경은 서로 달라진다. 예를 들어 인플루엔자 바이러스가 기생할 수 있는 장소는 인간과 돼지, 새의 몸속뿐이다. 그러므로 고양이나 개는 인플루엔자에 감염되지 않는다. 또한 고양이 에이즈의 바이러스는 고양잇과 동물의 체내에서밖에 살 수 없으므로 사람이 그 병에 걸릴 위험은 없다.

인플루엔자 바이러스처럼 사람과 동물에 공통적으로 감염되는 병원균을 인수공통감염증人獸共通感染症 혹은 인축공통감염증人畜共通感染症이라 한다. 일본의 경우 사람이 감염될 가능성이 있는 인수공통감염증은 100종류가량이라고 알려져 있다. 그중 개나 고양이, 새, 거북이 같은 반려동물로부터 사람에게 감염되는 것을 일반적으로 '반려동물 감염증'이라고 칭한다. 반려동물 감염증에는 25종류가 있고, 이 중 고양이로부터 옮을 가능성이 있는 감염증은 일곱 종류다.

벼룩이나 진드기, 기생충이 있는지 정기적으로 살피며 구충을 위한 적절한 조치를 취하는 등 감염 예방 작업이 필요하다. 부지런히 고양이의 배변 장소를 청소하고 그 후 깨끗하게 손을 씻는 것도 중요하다. 고양이와 음식을 나눠 먹는다든가 먹고 있는 젓가락으로 음식을 주는 것도 좋지 않다. 입안을 자주 헹구어내는 것도 좋은 방법이다. 필요 이상 지나치게 신경 쓸 필요는 없지만 고양이로부터 사람에게 감염되는 병이 있다는 사실은 유념할 필요가 있다.

감염증	병원체	감염 경로	사람의 증상	고양이의 증상
묘소병	세균	긁히거나 물린 상처	상처가 붉은 보라색으로 부어오른다. 임파선이 붓고 아프다.	보균하고 있어도 아무런 증상을 보이지 않는다.
Q열		감염된 동물의 배설물	발진	가벼운 발열로 끝나는 경우가 많다.
진균증	진균	접촉으로 인한 감염	감기와 비슷한 증상. 대부분은 금방 낫지만 오래도록 병이 진행되는 경우도 있다.	원형으로 털이 빠지며 부스럼이 생긴다.
옴	옴벌레	접촉으로 인한 감염	손, 팔, 복부 등이 빨갛게 부어오른다. 밤에 특히 더 가렵다.	귀 가장자리, 뒤꿈치 등에 부스럼이 생긴다. 털이 빠지고 몸을 자주 긁는다.
파스튜렐라 감염증	세균	뽀뽀를 통한 접촉 감염	감기 증상부터 폐렴 증상까지 다양한 증상을 보인다.	대부분 아무런 증상을 보이지 않는다.
개, 고양이 회충	기생충	강아지 혹은 감염된 고양이의 배설물	드물게는 망막이나 간장이 손상되기도 한다.	설사와 복통
톡소 플라즈마	기생충	감염된 고양이의 배설물	감염 경험이 없는 사람이 임신초기에 감염되었을 경우 태아에 영향을 미칠 수 있다. 하지만 치료법이 개발되어 있다.	대부분의 경우 아무런 증상도 보이지 않는다.

2차 감염에 주의

　기생충이 발견된다면 구충제를 먹이고, 고양이가 감염 증상을 보이면 적절한 치료를 받게 해주면 된다. 하지만 대부분의 고양이가 보유하고 있는 병원체 중 고양이에게 특별한 증상이 나타나지 않는 병에 대해서는 신경 쓸 필요가 있다. 묘소병이나 파스튜렐라 감염증이 그러하다.

　사람 몸에 생긴 상처를 고양이가 핥아서 묘소병에 감염되는 경우도 있다. 2주간의 잠복기를 거친 후 상처 부위가 붓기 시작하다. 긁힌 상처라고 가볍게 보지 말고 병원에서 진료를 받아보는 것이 좋다.

　파스튜렐라 감염증은 저항력이 떨어져 있는 사람에게 2차 감염될 우려가 있으므로 주의해야 한다. 2차 감염이란 건강한 사람에게는 감염증을 잘 일으키지 않으면서 면역 기능이 감소된 사람에게는 심각한 감염증을 일으키는 질환을 말한다. 특히 당뇨병이나 간장 계통의 질병을 앓고 있는 사람이나 노인의 경우 큰 병으로 발전할 위험성이 있다.

　고양이의 파스튜렐라균 보유율은 구강 내의 경우 100%, 발톱일 경우 20~25%다. 가족 중 감염이 걱정되는 사람이 있는 경우, 그 사람과 고양이가 한 이불 속에서 잠자는 일은 피하는 것이 좋다.

　정기적으로 발톱을 깎아주는 것도 중요하다. 또한 감기와 같은 증상이 보이는 경우, 고양이를 키우고 있다는 사실을 밝히고 병원 진료를 받는 것이 좋다.

　전문가들은 고양이와 같이 자는 것이 좋지 않다는 견해를 보이는 경우가 많지만, 실제로 실행하기란 무척 힘든 것이 사실이다. 고양이를 키우고 있는 대부분의 가정에서는 고양이와 함께 잠을 잔다. 기초 질환이 있는 경우는 예외겠지만 그렇지 않은 경우에는 건강에 유의하며 몸의 저항력을 높이는 노력과 더불어 고양이와의 생활을 해나가는 수밖에 없다.

실제로 반려동물 감염증이란 병이 있다는 사실을 염두에 두고 고양이와의 일상생활을 꾸려나가야 할 것이다.

🐾 반려동물 감염증 대책

고양이에게도 혈액형이 있다

인간과 마찬가지로 고양이도 혈액형이 있다. A형, B형, AB형 등 세 종류의 혈액형이 존재하지만 인간의 ABO식 혈액형과는 약간 다르다.

품종에 따라 약간씩 달라지지만 대체적으로 A형이 제일 많다. 샴고양이 Siam Cat의 경우 100% A형이며, 히말라얀 Himalayan이나 메인 쿤 Maine Coon 품종은 90% 이상이 A형이다. 다음으로 많은 것은 B형으로 AB형은 그 수가 아주 적다.

인간과 마찬가지로 고양이 역시 수혈 전에 혈액형을 확인할 필요가 있다. 현재 동물 병원에서는 간단한 검사로 고양이의 혈액형을 알아볼 수 있으므로 만일을 대비해 건강진단 시 고양이의 혈액형을 알아봐두면 좋다.

참고로 혈액형에 따른 성격 분석은 불가능하다. 고양이의 성격은 주인과의 관계와 행동 관찰로 알아볼 수밖에 없다.

part 5
고양이를 키우지 않는 사람들의 질문

고양이를 좋아하거나, 실제 고양이를 키우고 있는 사람들에게는
당연한 일이라 하더라도 고양이를 키우지 않는 사람들에게는
이해되지 않는 일이 많다.
Part 5에서는 고양이를 키우지 않는 사람들의 시점에서
고양이와 인간의 행복한 생활을 위해
필요한 것은 무엇인지에 대해 생각해보도록 하자.

사람이 살아가는 데 개나 고양이가 필요한 것은 왜일까?

개나 고양이를 싫어해서 그들을 가족의 일원이라고 생각하는 사람을 이해 못하는 이들도 있다. 이들에게 '사람이 살아가는 데 개나 고양이가 꼭 필요할까?'라는 의문은 당연한 것일지도 모른다.

잠시 인류의 역사를 거슬러 올라가보도록 하자. 1만 년 전의 인류는 동굴 생활을 했으며, 언제나 외적의 침입을 경계하며 두려움 속에서 살았다. 특히 밤에는 돌아가며 보초를 서지 않고는 마음 놓고 자지 못했다. 그런 와중에 사람이 남긴 음식물을 먹기 위해 작은 몸집의 늑대가 접근해 와서 사람 주변에 모여 살게 되었다. 늑대들은 사람보다 빨리 적의 접근을 눈치챘고, 짖거나 우는 것으로 주변 사람들에게 그 사실을 알려주었다. 사람들은 '번견(집 지키는 개)'의 역할을 해줄 수 있는 늑대가 주변에 있다는 사실만으로도 안심할 수 있다는 사실을 깨달았다. 그 후 인류는 늑대를 기르기 시작했으며, 오랜 세월 동안 늑대는 개의 모습으로 변화하게 되었다. 이것이 인류가 만든 첫 번째의 가축이다.

우리는 개와 함께 생활하며 살아남았던 인류의 자손이다. 그러므로 사실 인류는 다른 동물과 함께 살아가는 것을 좋아할 수밖에 없다. 동물들이 편안하게 잠자고 있는 모습에서 안도감을 느끼는 감정을 조상 대대로부터 물려받아왔기 때문이다. 동물을 싫어한다는 사람의 마음속 어딘가에도 분명 이와 같은 감정이 숨어 있을 것이다.

그런데도 동물을 싫어하는 경우에는 예전에 동물에게 크게 놀란 경험이 있다거나 반려동물을 키우고 있는 사람과 관련된 좋지 않은 기억이 있기 때문일지도 모른다. 만약에 그렇다면 동물을 싫어하게 된 모든 원인은 반려동물을 키우는 사람 측에 있다고 생각한다. 반려동물의 잘못된 관리나 나쁜 매너가 원인이 되었다고 할 수 있기 때문이다.

반려동물을 키우는 사람이나 동물애호가들은 자신의 사소한 행동이나 관리 문제로 원래 동물을 좋아했던 사람이 동물을 싫어하게 만들 수도 있다는 사실을 알아야 한다. "이렇게 귀여운데 왜 싫어하는지 이해가 안 된다"는 바보 같은 소리는 금물! 이럴 경우 "동물을 사랑한다고 말하는 것은 비뚤어진 자기애와 다를 바 없다"는 말을 들어도 어쩔 수 없다.

반려동물을 키우는 사람은 "고양이 같은 동물을 귀여워할 필요가 있을까?"라는 의문의 소리가 나오지 않도록 자신의 주변에 폐를 끼치지 않는 생활 방식을 실천해나가야 하다. 개나 고양이와 함께하는 생활은 인류의 조상들이 오랜 기간을 걸쳐 만들어낸 인류의 재산이다. 동물을 좋아하는 사람들에게는 '동물과의 유대 관계'라고 하는 인류의 재산을 더럽히지 않고 미래로 연결시켜가야 할 책임이 있다.

인간이 동물을 좋아하는 이유

다른 사람에게 피해를 주면서까지
풀어 키울 필요가 있을까?

고양이를 싫어하는 사람이 이렇게 생각하는 것은 당연하다. 실제로 풀어놓고 키우는 고양이가 다른 집의 정원을 화장실 대용으로 사용하는 경우가 있기 때문이다. 용변을 보고 난 후 배설물에 흙을 끼얹어 묻을 수 있는 부드러운 흙을 좋아하기 때문에, 식물을 심기 위해 갈아놓은 화단은 고양이에게 최적의 배변 장소다. 공들여 뿌려놓은 씨를 뒤집어놓고 냄새나는 똥이 그 자리에 남겨져 있다면, 아무리 고양이를 좋아하는 사람이라고 해도 화난다. 게다가 고양이는 매일같이 찾아와 똑같은 행동을 반복한다. 이런 모습을 보면 누구든 화가 나기 마련이다.

주택 밀집 지역에서 고양이를 풀어놓고 키우는 것은 다른 사람에게 피해를 줄 수밖에 없는 행동이다. 고양이를 키우며 다른 사람에게 피해를 주는 사람은 고양이를 기를 자격이 없다고 생각한다. 고양이는 '자유롭게 돌아다니고 싶어 하는 동물'이 아니라는 사실은 앞에서도 설명한 바 있다. 도시에서 고양이를 키울 경우에는 반드시 실내에서 길러야 한다.

원래 동물을 키운다는 말에는 '관리'의 의미가 포함되어 있다. 동물을 관리한다는 의미에는 먹이를 주고, 건강을 살펴주는 것은 물론, 그 동물의 행동 범위를 파악하는 것도 포함된다. 돌아다니는 영역은 어디에서 어디까지인지, 어디에서 배설하는지 등 고양이의 행동 범위에 대해 제대로 파악하지 못하고 있다면 그 고양이를 자신이 키우고 있다고 말할 수 없다. 자기 마음대로 집에 들어왔다 나갔다 하며 살고 있는 쥐와 다를 바 없을 것이다. 행동 범위에 대한 파악이 앞서야만 진정으로 동물을 키운다고 말할 수 있다. 더군다나 고양이를 '가족의 일원'이라고 생각하고 있는 사람이라면, 자신의 가족이 다른 사람의 정원에서 실례를 저지르도록 내버려두는 것 또한 말이 안 된다. 이웃으로부터 상식이 없는 사람이라는 말을 들어도 당연하다.

고양이를 싫어하게 된 사람이 이 책을 읽을 것이라고는 생각하지 않지만, 고양이를 키우는 사람으로서 죄송한 마음 가득하다. 이번 기회를 빌려 사과의 말씀을 드린다.

풀어놓고 키우는 고양이가 미움받는 이유

고양이를 키우는 사람이 잘못하면 고양이까지 미움받는다

자기 집 마당에 고양이가 똥을 싸놓았다고 화내면 고양이를 좋아하는 사람들은 이렇게 이야기한다. "고양이가 한 일 가지고 왜 그렇게 화를 내지? 똥 좀 눈 게 뭐 그리 대단한 일이라고." 자신이 키우는 고양이의 배설물을 치우는 것이 반려동물을 키우는 사람의 의무인데도 이런 이기적인 말을 하기 때문에 고양이를 좋아하는 사람 전체가 미움을 받게 되는 것이다.

고양이는 배설을 마친 후 땅을 파 배설물을 묻는 동물로 유명하지만, 자신의 영역 이외의 곳에서는 배설물을 묻지 않는다. 그렇기 때문에 딴 사람의 마당이나 정원에서는 고양이가 눈 똥이 그대로 노출되어 있게 된다. 그런데도 고양이를 키우는 사람은 이렇게 반론한다. "고양이는 자기가 눈 똥을 묻는 동물이에요. 그 똥은 고양이가 눈 것이 아니에요"라고 말이다. 담장으로 둘러쳐진 정원에 고양이 이외의 다른 동물이 들어와서 일부러 똥을 누고 갔을까? 그래서 고양이를 좋아하는 사람이 그렇지 않은 사람들에게 미움을 받게 되는 것이다.

고양이를 좋아하는 사람이 미움받게 되면 고양이까지 미움받게 된다. 고양이를 좋아하는 사람 때문에 고양이까지 미움받게 되는 모순에 대해 냉정하게 생각해보길 바라는 마음이다.

화난 사람이 던진 돌에 고양이가 맞을 위험성도 있다. 이런 행동이 동물학대법에 해당된다며 화내기 이전에 먼저 돌을 던지게 한 자신에 대해 생각해야 하다. 무엇보다 불쌍한 것은 고양이다. 아무런 죄도 없는 고양이가 자신을 키우는 주인의 탓으로 피해자가 되기 때문이다.

모든 사람에게 사랑받는 고양이는 행복하다. 모든 사람에게 사랑받는 고양이가 되기 위해서는 그 고양이를 키우는 사람이 주변 사람들에게 호감을 얻어야 한다. 고양이를 키우는 사람은 고양이를 키우지 않는 사람의 기분에 대해 생각해볼 필요가 있다.

이런 사람이 미움받는다

50

페트병으로 고양이를
물리칠 수 있을까?

거리를 걷다 보면 울타리를 따라 물이 들어 있는 페트병이 줄지어 세워져 있는 광경을 자주 보게 된다. 고양이의 침입을 어떻게 해서든 막아보고자 하는 그 집 주인의 노력이다. 고양이를 좋아하는 사람이라면 자기 집 주변의 이런 풍경에 둔감해져서는 안 된다. 고양이로 인한 피해에 속상해하는 사람이 많다는 사실을 인정해야 한다.

페트병을 준비해 세워두는 것은 꽤 성가신 일이다. 시간과 노력을 들여 페트병을 세워둔 분들께는 죄송한 말이지만, 페트병으로 고양이를 물리치기는 힘들다. 평소와는 다른 것이 있다고 생각한 고양이가 처음에만 잠시 침입을 주저할 뿐, 얼마 가지 않아 금세 그것에 익숙해진다. 단지 효과를 발휘할 수 있는 대목은 '고양이의 침입에 피해를 받고 있다'는 그 집의 상황을 페트병으로 표현하는 것뿐이다.

고양이를 풀어놓고 키우고 있다면 집 근처에서 이런 광경을 보았을 때 페트병이 주장하고 있는 무언의 메시지에 귀를 기울이고 받아들여야 한다. 그리고 자기가 키우는 고양이에 대한 메시지라고 생각된다면 적절한 행동을 취해야 한다.

일단은 그 집을 방문해 "우리 집 고양이가 혹시 이 집에 폐를 끼치고 있나요?"라고 나쁜 소리를 들을 각오로 물어보기로 하자. 근처를 배회하던 길고양이를 데려와 키우고 있는 경우라면, 그런 사정을 설명한 후 고양이가 어질러놓은 화단을 정리하거나 보상하고 싶다고 성의껏 이야기를 꺼내기로 하자. 한번 풀어놓고 키운 고양이는 먼 곳으로 이사하지 않는 이상 실내에서 키우는 것은 어렵기 때문이다. 특별히 강조할 필요는 없지만 "이 고양이가 죽을 때까지 제가 보살펴주고 싶어요"라고 부탁해보는 것도 좋다.

변호하고자 하는 것은 아니지만, 길고양이를 보살펴 먹이를 주는 사람이 있으면 쓰레기통을 뒤지거나 쓰레기 봉지를 찢어 어지럽히는 피해는 줄일 수 있다. 고양이 때문에 피해를 보는 분이 있다면, 이런 면에 대해서도 조금은 양해해주기 바란다.

고양이가 어느 곳을 통해 집으로 들어오는지 알아낸 후 더 이상 들어오지 못하도록 하는 방법을 찾아내는 것도 중요하다. 이런저런 방법을 시험해보도록 하자. 제일 중요한 것은 상식적인 태도로, 양쪽 모두에게 해당되는 말이기도 하다.

🐾 고양이의 침입을 막는 방법

고양이가 오는 길목에 소독약을 뿌려두면 그 냄새로 고양이의 침입을 막을 수 있다.

애완용품점에서 판매하고 있는 고양이 접근 방지용 매트를 깐다.

자기가 키우는 고양이가 주변에 피해를 주고 있다면, 성의를 가지고 이웃과 이야기를 나누는 것이 제일 중요하다.

이웃과의 관계가 제일 중요

　내가 키우는 고양이가 이웃에 피해를 주고 있는 것은 아닐까 생각된다면 더 좋은 이웃 관계를 만들기 위해 마음 쓰는 일이 급선무다. 지역사회에서의 '관계'가 중요하기 때문이다.

　만약 다세대주택에서 사는데 위층의 아기가 울고 있다고 가정해보자. 위층에 사는 사람을 모를 경우에는 단순히 '위층 아기가 또 시끄럽게 구네'라고 생각되지만, 그 집에 사는 가족을 아는 경우에는 '위층 사는 소희가 우네. 혹 무슨 일 있는 거 아닐까?'라고 생각하게 된다. 사람의 심리란 원래 그런 것이다.

　고양이 역시 마찬가지다. 알지도 못하는 고양이가 정원에 있을 경우와 누구네 집 고양이 누구누구가 정원에 있을 때와는 그 감정의 모습이 달라진다. 그렇다고 이런 감정에 기대어 고양이를 풀어 키우는 것에 대해 이해받고자 하는 것은 아니다. 피해를 볼 수밖에 없는 상황이라면 이런 과정을 통해 불쾌감을 조금이라도 덜 수 있지 않을까 하는 의미다.

　앞에서도 설명한 것처럼, 사람은 본래 다른 동물을 좋아하는 동물이다. 동물이 싫어지게 되는 까닭은 그 동물을 키우고 있는 사람의 매너나 태도가 나쁘기 때문일지도 모른다. "그 집 고양이가 우리 집 정원에 또 들어왔어요."라고 가볍게 말할 수 있는 관계, 그리고 "미안해요. 지금 가볼게요."라고 선선히 대답할 수 있는 관계를 만드는 것이 중요하다. 시간이 지난 어느 날, "사실 고양이를 별로 안 좋아했지만, 요즘은 좀 귀엽기도 하더라"는 말을 듣게 된다면 이 이상 흐뭇한 일은 없다고 생각한다.

　도시에서 고양이를 풀어놓고 키우는 사람이 있는 한, 고양이가 원인으로 발생하는 이웃과의 불화는 사라지지 않을 것이다. 이제부터라도 고양이는 꼭 실내에서 키웠으면 하는 바람이다. 이미 풀어두고 키우는 가정에서는 지역사회 속에서 좋은 관계를 유지하면서 고양이의 행복한 일생을 지켜주기 바란다.

고양이가 있어서 지역사회가 부활하는 경우도 있다. 이후의 고령화 사회나 지진 피해를 입고 난 지역에서 고양이가 반드시 제 역할을 해낼 수 있을 것이다. 이웃에 대한 사소한 배려 하나가 좋은 결과를 낳을 수 있다.

이웃과의 관계와 심리

이웃 간에 유대관계가 형성되어 있지 않으면 스트레스가 쌓인다.

이웃 간의 유대관계가 형성되어 있으면 관계가 좋아진다.

고양이를 풀어놓고 키울 경우, 좋은 이웃 관계 속에서 끝까지 잘 보살펴 주도록 하자.

 Index

 ㄱ

가르릉 소리 24, 25, 26, 27
가축화 140, 141
거세 수술 165, 168
고양이 사료 173
고양이는 자신을 좋아하는 사람을 알아본다 128
고양이 풀 146
골격 19
공격 23, 42, 128, 159
교미 52, 118
교육 193
권세증후군 123
귀여움 181
기억력 100
깃털 막대 157
껴안는 것을 싫어하는 고양이 197
껴안는 것을 좋아하는 고양이 197
꾹꾹 87
꿈 65

 ㄴ

나이 16
놀이 58

 ㄷ

단독 생활 19, 84, 98, 100, 122
동료 26, 84, 98, 119
뜨거운 음식을 못 먹는다 50

 ㅁ

모래를 뿌리는 것 같은 행동 130
모성 본능 118, 183
목욕 189
무리 생활 26, 98, 110
물어뜯기 20
미각 44

 ㅂ

반려동물 140, 165, 181
발톱 갈기 169
발정기 54, 108, 167
번식 능력 30
변덕스러운 식욕 134
배변 94
보디랭귀지 104
부모 자식 관계 119
비벼대는 행동 79

 ㅅ

사냥 본능 114, 157
사람의 음식 173
사회화 시기 120
세반고리관 21
삼색털 고양이 28
새끼 고양이 24, 46, 58, 84, 92, 120
색 32
세수 67
수면 시간 63

222

수명 14
수염 40
수정 52
스킨십 69
신장 175
실내에서 키우는 고양이 54, 89, 94
심야의 대운동회 92
싸움 163
싸움 놀이 92, 157

야간 집합 71
야행성 동물 32
야콥슨 기관 75
여러 마리 고양이 185
열육치 48
영역 79, 84, 110, 163
오줌을 뿌리는 행동 167
위협 104
이빨 36, 179

작은 새 59, 116
제멋대로 130
죽을 장소를 찾아간다 89
쥐 58, 110
질병 205
집에 집착하는 이유 111

초음파 골절 치료 26

타페탐 34
탈주 사건 83
털이 긴 품종 191
털갈이 시기 144
틈새 159

펫시터 203
페트병 218
플레멘 75
품종개량 189
피임 수술 165
풀어놓고 키우는 고양이 214
패드 36

한꺼번에 잔뜩 먹어두려는 습성 132
형제 152
헤어볼 146
혈액형 209
혼자 놀기 162
후각 46

223

참고 문헌

『당신의 고양이를 이해할 수 있는 책 あなたのねこがわかる本』
-브루스 포글 Bruce Fogle 저, 다이아몬드 사, 1993년

『일러스트로 보는 고양이 과학 イラストでみる猫学』
-하야시 요시히로 林 良博 감수, 고단샤, 2003년

『동물의 수명 動物の寿命』
-마스이 미츠코 増井光子 감수, 소보쿠샤, 2006년

『고양이와 친근해지는 책 ネコとつきあう本』
-미야타 가쓰시게 宮田勝重 저, 일본교통공사 출판사업국, 1986년

『고양이 품종 도감 猫種大図鑑』
-브루스 포글 Bruce Fogle 저, 펫 라이프 사, 1998년

『반려동물이 불러오는 병 ペット溺愛が生む病気』
-아라시마 야스토모 荒島康友 저, 고단샤, 2002년

『반려동물과 당신의 건강 ペットとあなたの健康』
-인수공통감염증 연구회 저, 미디어 출판, 1999년

『개와 대화하자-애견의 마음을 알 수 있는 개 언어의 세계 犬と話そう-愛犬の氣持がわかる犬語の世界』
-데이비드 앨더튼 David Alderton 저, 펫 라이프사, 2006년

『삼색털 고양이의 유전학 三毛猫の遺伝学』
-나카지마 사다히코 中島定彦 저, 나카니샤 출판 ナカニシャ出版, 2002년

『반려견 트러블 해소법 愛犬のトラブル解決法』
-로라 굴드 Laura Gould 저, 쇼에이샤, 1997년

『야생 고양이 백과 野生ネコの百科』
-이마이즈미 다다아키 今泉忠明 저, 데이터 하우스, 1992년